営業の天才

全てのセールスマンのために

柳井正彦

弘文社

はじめに

「なぜ売れないのだろう。」「どうしたら売れるようになるのだろう。」

もしもあなたが今、営業について悩んでいて、その答え、もしくはヒントを求めているのならこの本をひらいてほしい。

今の僕になら、その悩みを解決できると思うし、あなたの質問にも答えることができると思うから。

なぜなら、僕もいっぱい悩み、考え、何度もくじけそうになりながら、たくさんの壁にぶつかりそれを乗り越えてきた経験があるからだ。

僕がセールスの仕事についた時、周りには営業を教えてくれる人が誰もいなかった。すべてが初めての経験で、壁にぶつかるたびに立ち止まり、「もう辞めよ。やっぱり無理や。」と、下を向きしょげていた。

もちろん上司や先輩もいたわけだから、相談に乗ってもらったり、いろいろ聞いたりすれば良かったのだが、先輩とは歳も結構離れており、気が引けて相談することも出来なかった。

当時の僕は、一人前にプライドが高く、人に教えてもらうという経験もあまりなく、甘え方も分からない損な性格だったのだ。

でも、一度だけ勇気を出して当時のトップセールスだった大先輩に質問してみたことがある。

「先輩、何でそんなに売れるんですか？」「どうやったら売れるんですか？」

そう、まさに今あなたが悩んでいることを僕も悩んでいたわけだ。

その時その先輩は、僕に、「なにを楽しようとしてんねん。セールスの仕事は、聞いて習うもんやなくて、見て習うもんや。」と答えた。

まったく訳がわからなかった。

本などはほとんど読んだこともなかったし、勉強嫌いだったこともあり、ヒントになるようなビジネス本との出会いもなかった。

こうして僕は、セールスという険しい山をたった一人で、登っていくことになったわけだが、結果的にはいろんな人からセールスという仕事を教わることになる。

ここで少し僕の自己紹介をしよう。

奈良県の片田舎で自然に囲まれ育った。両親は、靴下工場を経営しており、朝早くから夜中までずっと機械を動かし、寝る間も惜しんで働いていた。貧乏ながら、大学まで行かせてもらったことに大変感謝している。

このころいつか親孝行をしようと心に誓ったのだが、いまだに実行できていない。父親はすでに亡くなり、親孝行できなかったことがすごく悔やまれる。まあその分母親にいつか親孝行をするぞと心に誓った。

父親からも、ひとつだけセールスについて教わったことがある。これについてはあとで話すことにしよう。

学生時代は、いろいろアルバイトをした。勉強や学校の思い出よりも、アルバイトの記憶がほとんどである。

この時の経験ものちに、僕の前に立ちはだかる大きな壁を乗り越える為に大いに役に立った。学生時代の僕は無口で、人前で話すことにすごく抵抗を感じていた。いわゆる照れ屋さんだったのだ。

こんな僕がセールスという職業を選んだのは、たまたまである。友人と二人で行った合同面接会場で、ほかの企業のテーブルには列ができているのに、誰も並んでないテーブルがひとつあった。パネルには奈良スバル自動車株式会社「営業職」と書かれていた。

営業職は当時から、ノルマがキツイだとか、休みが少ない等と人気が薄く、進んでセールスマンになりたいと言う人はほとんどいなかった。それでも、同じ自動車関連のトヨタや日産のテーブルには長蛇の列ができていた。

「なぜなんだろう。」僕は友人を誘い、興味本位でスバルの面接を受けてみた。その答えは最初の質問で理解できた。「えー、スバルの車種を知っているだけすべて答えてください。」と、面接官に質問された。

僕はまったく答えられなかった。すると面接官は、「人気車種があまりないからね。でもどこにも負けない良い車です。しっかり覚えてくださいね。」と言われた。軽はずみに面接を受けた自分がとても恥ずかしく思えた。

数日後、自宅に届いた封筒に補欠採用と書かれた手紙が入っていた。

僕は、奈良スバル自動車株式会社に入社した。

入社後一年で同社のトップセールスと呼ばれるようになり、毎月一〇数台、多いときには二〇台を越える数の自動車を販売した。たくさんの賞も戴いた。

同社を退社後、不動産の販売や保険の販売、住宅の販売などを経験した。

セールスを始めたばかりのころ、大きなプレッシャーに幾度となく潰されそうになった。

もしもあの時、丁寧にセールスを教えてくれる人がいたらどんなに心強かっただろうか。

あの時の僕と同じ悩みを持っているあなたに、僕がどのようにして、セールスという険しい山を登ったのかを話そう。

そして、無口で照れ屋だった僕が、どのような経験を元に売る自信がついたのか、この本を通じてあなたに伝えたいと思う。

そして、それは必ず、あなたの力になれると信じています。

目次

第二章　努力に勝る天才はない

第三章　売れるセールスマンが良いセールスマン？

第四章　気を使う人。頭を使う人。

第五章　結果が全て。数字が全て。

第六章　敵は自分自身

目　次

第一章　ちょっとしたキッカケ

1　自分ならどうする？

あなたの周りに、よく売る先輩や、話し上手で成績優秀な同僚がいたとしても、みんな最初からそうだったわけじゃない。

「なぜ売れないのだろう。」「どうしたら売れるようになるのだろう。」

誰でも一度は、そんな風に悩み、下を向いてしょげるものだ。

ひとくちに「売る」といっても、いろいろな商品がある。僕の場合の最初の「売る」商品は、自動車だった。その他にもいろんな商品を売ってきたけど、「何かを売る」という事に、大きな違いはなかった。

僕が営業を始めたばかりの頃も、どうすれば売れるのか、何から始めれば良いのかすら、まったく分からなかった。とりあえず商品の知識だけは持っておこうと、ショールームに置かれたパンフレットを端から端まで読んだ。

面接の時に答えられなかった質問の答えである「取り扱い車種」は、その頃にはもちろんすべて覚えていた。

確かに人気車種が少なく、かろうじて名前が分かった車種は、今では有名なレガシーだけだった。そのレガシーにしても、ワゴン車でターボが付いていて、しかも４ＷＤがメイン車種というすごく特殊な設定の車種であった。価格も三〇〇万を超えており、新人の僕には、それをどのように説明して販売すればいいのか、まったく分からなかった。

しかし、先輩たちはその三〇〇万円もする自動車を、あたかも八百屋さんが白菜を売るかのように易々と売っていた。その光景は、高価な商品が売買されているといった神妙なものではなく、笑顔をまじえた会話のなか、すごく楽しそうな雰囲気だったのだ。

僕は「自分とあの先輩たちとは、一体どこが違うのだろうか。」と、ずっと考えていた。

ある日、いつもの様に先輩とお客様のやり取りを聞いていた時、自分ならどうするだろうと想像している自分に気が付いた。それは、他人が対戦している将棋や、オセロゲームを見ているかの様だった。「自分なら、ああするだろうな。こうするだろうな。」と勝手なことを想像し、イメージを膨らませることにより、シュミレーションしていたのである。

そんなことを繰り返しているうちに、段々と勝ちイメージが頭の中に湧いてくるようになっていた。それから次第と、先輩のとる行動や話す内容が、僕の予想に近くなってきたのである。

その後、まもなく僕の商談テーブルからも、お客様との楽しそうな会話が聞こえる様になった。


今思えば、何か特別な事をしなければいけないという思いが、自分にプレッシャーをかけていたような気がする。

確かに「何かを売る」事は難しい。だけど、お客様と楽しく話す事自体は、肩の力を抜いて相手の話に耳を傾ける事さえ出来れば、さほど難しい事ではないのだという事を、先輩とお客様とのやり取りをそばで見ていて気が付いた。

あの時の僕は、この事になかなか気付けずに毎日悩んでいた。

でも、「結局は、悩みなんてほとんどが、こんなもんじゃないかな。」

と、軽く考える事を覚えたのも、この頃ぐらいからだろう。

人は、ちょっとしたキッカケさえあれば、考え方や感じ方、それに物の見え方まで、ごろっと変わるのである。

先輩の商談を見ていて、
「自分だったらどうするだろう？」
と想像できるようになり、
こんなことが「きっかけ」で、
セールスの勉強が進むようになった。

2　相手に興味を持つ

営業職はあまり人気がない。どれだけ不景気だと言われる世の中でも、営業職だけは必ず求人募集がでている。

逆に景気がいい時には、さらに営業職をすすんで希望する人は少なくなる。見た目に好条件とも思えるような振れこみで、毎回求人募集の広告を出し続け、やっと人材を確保している企業も少なくないのだ。

もちろん、人気が無い一番の理由は、歩合給で成功報酬であるとかの給与面での悪条件である事は確かなのだが、セールスを経験したことがある人も無い人もみんな、セールスという職業は、ツライ仕事だと思っているのだ。

他人に「何かを売る」ことは、非常に難しいことである。

買って貰うためには、気に入って貰う必要があり、気に入って貰うためには、まず興味

を持って貰う必要があるわけだ。

興味を持って貰うにしても、お客様はそれぞれ趣味も違うし、好みも違うわけだから簡単ではないのだ。

他人に何かを〝やらせる〟とか、〝やって貰う〟ということは非常に難しくて大変な労力がいる事である。

さらには、感じさせ、動かさなければならないのだから、これとは比べ物にならない程の大変さがある訳である。

だから、僕はそんな風には考えないようにしている。

テレビをあまり見ない人でも歌にあまり興味がない人でも、誰でも一度は、テレビコマーシャルに流れる歌を口ずさんだ経験ぐらいはあるだろう。特に歌詞が良い訳でもないのに、すごく小気味のよいリズムで、頭から離れない。

だから、次にそのコマーシャルを目にするときは、以前よりも少し慎重にテレビ画面に、目を向け耳を傾けることになるだろう。

そして、気が付いた時には、特にその歌が好きとか嫌いとかいった感情とは関係なく、不意に口から出てしまったりする。

そう、興味を持ったのだ。

そのテレビコマーシャルがどんな商品やサービスの宣伝広告なのかは関係ないのである。ただ、そのコマーシャルに興味を持った後は、それより以前と比べてその商品やサービスに対しても同じ様に興味を持ったことは間違いないはずだ。

電車に乗っていたり、車で走っていたりする時にも同じような経験をすることが時々ある。広告ポスターや宣伝看板がそうだ。ほんの一瞬チラッと見えただけで、とても気になることがある。

反対に一瞬しか見えないからこそ、その後の想像が膨らむわけだ。キャッチフレーズや写真や絵、文字だけで僕の興味を引いたわりには、じっくり見るとたいして凝っている訳でもなく、いたってシンプルだったりする。

こういった広告宣伝用のテレビコマーシャルや、道路わきの看板や駅のポスターなどは、有名タレントやスポーツ選手などを使った場合、数百万円から数千万円程の制作費をかけて企画作製される。

広告宣伝の方法にも様々なものがある。スーパーの安売りセールに始まる新聞折り込みチラシや割引優待券入りのダイレクトメール。それに、今ではインターネット上のバナー広告や、頼んでもいないのに送りつけられてくる広告メールなどもあり、その種類や数は膨大である。

こういったモノのほとんど全ては、どうしたら買い手の関心が得られるかという、〝興味をもって貰うこと〟に焦点を合わせている。

すごくお金がかかっていそうなものや、ほとんど工夫の見られないものまでピンからキリまである。その中で、どれが適当かは商品の内容や特性によっても大きく関係してくるのだろう。

ただし、**これら全てを通して言えることは、工夫さえすれば文字や言葉の使い方ひとつで、他人の興味を引く事が可能であり、強く関心を持たせる事が出来るということである。**この事は覚えておこう。

他人の関心や興味を引くことを考えるのは非常に厄介だが、自分が興味を持つことはよくあることだし、さほど難しくもない。

僕も以前は、どうしたら相手に興味を持って貰えるかを真剣に悩んでいた事がある。

いろんな方法でイベントの告知などを行った。手書きのダイレクトメールを送ったり、お子さんの誕生日の時に小さな花を贈ったりする企画を行ったこともある。邪険に扱われることもなかったが、気に入ってもらえる訳でもなく結果は興味を持ってもらえていなかったことになるだろう。

あるとき、お客様の腕時計があまりにも珍しくて、僕はそれにとても興味が沸いた。僕は、あまりお洒落に気を使うほうではないのだが、その時だけは別で本当に何も考えずに尋ねていた。

その時計は、お客様が以前海外旅行に行った時に、どうしても欲しくて、楽しみにしていた観光も我慢して、友人へのお土産も買わずに、奥さんを必死に説得して何とか手に入れたものだったらしい。

僕が、感心してその話を聞いていると、お客様は僕に尋ねた。僕がつけている時計のことや僕が行ったことのある海外旅行の話を次々に質問してきたのだ。

お客様は、自分に興味を持ち関心を寄せる僕に対して興味を持ったのである。

それから僕は、他人に興味を持って貰う前に、自分のほうから相手に精一杯関心を寄せるように心がけている。

例えば着ている服や身につけている小物関係を褒めたり、どこで買ったのかを尋ねたりするわけである。時には、仕事にまったく関係のないペットの話題であったり、お子様の話であったりを本当に相手のことを知りたいという一心でひたすら夢中になって話すことさえある。すると、どういう訳だか必ず相手も僕に対して質問をしてくるのだ。

こちらが、心から関心を寄せれば、たとえ相手がどんなに忙しい人であったとしても時間を取ってくれるし、こちらに興味を持ってくれるものである。

3　好きになる

会話をすることは、とても楽しい。友人と趣味の話をしたり、家族と休日の計画を話したり、恋人と将来や夢の話などをする時なんかもとても楽しいはずだ。

それに、いきつけのお店の店員とくだらない世間話をする時だって、嫌な気はしないだろう。

だけど、これがお客様や得意先の社長となると話は変わってくるのだ。

極端に苦手意識をもつ人が多くなる。相手によって話し易い人もいれば話しにくい人もいる。見た目のイメージで判断しているケースもあるだろう。

もちろん仕事だから、楽しい話題が少ないのは分かるけど、それにしても何故これほど苦手意識が働くのだろうか。

その答えは、楽しくないからである。誰だってどうでもいい相手と会話をするときや、緊張する相手と気を遣いながら会話をしていても楽しい筈がない。

万一、その場の会話が、うまく盛り上がったとしても、その先に上手な人間関係など築く事は不可能だろう。


まずは、相手を好きになろう。


自分が、苦手だと感じたり、緊張したりしていると、それは必ず相手に伝わるものだ。するど、同じように相手もあなたと会話することをひどく苦痛に感じる事になるのだ。

もしも、あなたが相手のことを好きになれば、友人や家族と話すときのように楽しく会話が出来る筈である。

それでは、どうすれば相手のことを好きになれるだろうか。

好きになれと言うと、突拍子もないように聞こえるかもしれないが、何も本気で好きになれといっているわけではない。好きになる努力をするべきだと言っているのである。

方法としては色々あるけど、**一番大切なことは、やはり相手を思いやる気持ちであり、気遣いや心配りを忘れない事ではないだろうか。**

本当に好きな相手に対してなら、あなたは相手が何を望んでいるのか、なにをしたら怒るか、何をして貰えば喜ぶかを考えることだろう。ただ、それと同じようにすればいいのだ。

そして、楽しい会話を心がける。自分の話したい事だけを一方的に話すのではなく、相手の意見に同調して上手にノセてやる。

相手を上手にノセるのは、それほど難しくないだろう。相手の話に対して真剣に耳を傾けているだけで、相手にはそれが十分伝わる筈である。

ときには、声を出して相槌をうってあげても良いだろう。相手によっては、会話が上手な人も下手な人もいるだろうから、そんな時は、相手の思いを汲み取ってあげる様な気持ちで聞いてあげればよいだろう。会話とは、もともとコミュニケーションをとる手段であり、相手と仲良くなる為の方法である。だから、楽しくない筈はないのだ。

あなたに対して、相手がとても楽しそうに話していたら、それを見て、あなたは一体どんな風に感じるだろうか。少なくとも嫌な気持ちにはならないだろう。どちらかと言えば、幸せな気持ちになれるのではないだろうか。

相手を楽しませることが、会話を盛り上げ、楽しむ基本であり、上手な人間関係を築く

基本である。そして、それを実現させる為には、相手を好きになることが一番の近道である。

上手な人間関係を築くには、
先ず、相手を好きになることが大事なんだ。

4　なぜなんだろう？

あなたは、お客様と話をする時、どんな事を頭に置いて話していますか？

楽しい話題や豊富な商品知識は、あるに越した事はないけれども不可欠ではない。もちろん、信頼関係を築くうえで、コミュニケーションをとるのは大事だし、商品知識もある程度は必要である。

ただし、お客様は、あなたとの楽しい会話が目的ではないだろうし、商品知識にしてもすべてパンフレットやカタログを見れば分かる事である。

それなら一体何が目的で、お客様はあなたと話しているのだろうか？

お客様がセールスマンに望んでいることは、ひとつではなく、その人によって色々だし、単純ではなくて複雑だったりもする。

だから、僕がお客様と話す時は、いつも頭の真ん中に「なぜなんだろう？」を置いて話すようにしている。

例えば日曜日に、ご主人と奥さんとお子さん達のご家族四人で自動車屋のショールームに来店されたとしよう。僕は、その時次のように考えるわけだ。

「なぜせっかくの休みに、自動車を見に来たのだろう？」

この自分の問いに対して、こう考える。

「当然、次に検討している自分の気になる車を見に来たのだろう。いや、もしかしたら奥さんの軽自動車を見にこられたのかも？　それともただの車好き？　今乗っている車が壊れたのかな？」ここで、想像できる限りの答えを頭の中で考えてみる。

それから、実際に（お客様に）口に出して質問してみる。特別な質問じゃない限り、想像した中の答えが返ってくるだろう。

ここで大事なのは、答えを想像できない質問は絶対にしてはいけない。なぜなら、予想外の答えには前もって対処できないからだ。それと、最初は答えやすい質問から徐々に、答えにくい質問をしていく。これをどんどん続けていく。

そうすれば、だんだんと相手の希望や要望が見えてくる。僕は、自分のことを相手に分かって貰う前に、相手のことを十分理解しようと心がけているのだ。

お客様に、どれだけ自分のことを気にいって貰えたか、十分に満足の行く説明ができたかどうかなど、相手の目に映る自分の評価が気になるのは、セールスとして仕方のない事だ。

しかし、どんなに上手に話が出来て、盛り上がった商談が出来たとしても、お客様が何を希望していて、何を迷っているのかが、分からないままに終わってしまったとしたら、その商談は成功とは言えないのだ。

お客様自身も何をどう判断して良いか分からないだろう。

セールスマンの仕事は、お客様の希望や要望を上手に聞き出し、その奥にある迷いや問題点に対して、ベストだと思う答えを導きだす手助けをする事である。

そうすることでお客様は、納得した上で商品やサービスを手に入れることが出来るのだ。これが、セールスマンにとっての本来の仕事なのである。

5　耳を傾け聴く

景気に左右されて、モノが売れたり売れなかったりするものである。目をつぶっていてもモノが売れる時代がずっと続いてくれるなら、僕達セールスマンも、なにも苦労は要らないけど、そうはいかないのが現実である。

たとえ、どんなに一生懸命売り込んでも、全然モノが売れない厳しい時代であったにしても、自分の技術や力を信じられる人は、決して負ける事はないのだ。

どんな時代であっても、セールスにとって大事なことは、お客様の立場で考え、常に、相手に対して何をしてあげられるかという所に、とことん焦点を合わせ知恵を絞ることではないだろうか。

セールスマンの中にもいろんなタイプの人がいるし、いろんな営業スタイルがある。

売り込みがうまい人、気の利いた営業トークができる人や口八丁手八丁で、喋り続ける人などいろいろである。

口達者であることが、セールスマンの基本的な資質と考えている人が多いけれど、まくし立て、喋り続ける事だけがセールスではないことを知らなければならないだろう。

実際のところ、自分が喋るよりもお客様の話をよく聴くことのほうが重要であり、当然相手の人柄もよく見る必要があるのだ。その上で、相手が何を言いたいのか、何を困っているのか、何を期待しているのかなどを、誠意を持って耳を傾け聴くことが大事なのである。

セールスマンは、お客様の相談役であるとよく言われるが、これも相手の話を聴くことによって初めて言えることだろう。

お客さまの話をよく聴くことで、セールスマンが勝ち得るメリットは二つある。

一つ目は、お客様の情報を得られることである。相手の口から飛び出す言葉のひとつひとつが貴重な情報であり、商談の強力な武器となる。相手が何を欲しがっていて、何を要望しているのかを、聞きだすための大きなヒントになるのである。

だから、いかにして強力な武器となる情報を相手から引き出すかという、質問の方法も大変重要になってくるわけだけど、それも、簡単に実践できるのだ。

相手が話す事を注意深く聞くことができれば、次第にその中に疑問に感じる点や曖昧な点などが必ず見えて来るようになる。こうして見えて来た点をあらためて質問するのだ。

これを何度も繰り返すことによって、内容は段々と深く掘り下げられていき、お客様の要望しているところがはじめて明らかになってくるのである。

二つ目は、お客様の話を聞くことで、セールスマンに対して信頼感が生まれるということだ。

人は誰でも、自分が話す事に対して、熱心に耳を傾け理解しようとする人には、親しみを感じるし、安心感と依頼心を抱くものである。

周りを見渡すと、自己主張が上手な人は多いけれど、聞き上手な人はとても少ないように思う。聞き上手であるという事は、社交の基本であり、コミュニケーションの原点である。

だけど、それができないためにセールスマンとお客様との間に、親密な人間関係がなかなか生まれないのだ。

お客様との信頼関係は、この会話の中でのやり取り次第で大きく膨れたり、しぼんでしまったりするのである。相手の心の中にセールスマンに対する信頼感が育まれれば、「ひとつ、彼に相談してみようか」という気持ちが湧いて来るようになるものだ。

とりわけ人間と言う生き物は、自分本位な考え方を持っていて、自分の事が大好きなのだ。ところが、世の中には他人の関心を引くためや、自分の考えを伝えるために、見当違いな努力を続け、その間違いになかなか気付かない人がたくさんいる。

これでは、どんなに努力を続けたとしても無駄である。人間は他人のことにあまり興味を持たない。ただ、ひたすらに自分のことに興味を持っているのだ。

だから、**自分の話に熱心に耳を傾け聴いてくれる人に対しては、すごく安心して好意を抱き、なんでも話したくなるものなのである。**

6　思いつかせる

人間は、いろんな問題について悩むことがある。

その問題の重要度は関係なく、とにかく悩むことが好きなのである。

「どれにしようか」と悩む場合もあれば、「するかしない」で悩む場合もある。

そして、人が悩むときには、いろんな方法を想像し、あらゆるケースを想定して考えるものなのだ。

又その〝悩み〟にしても、解決可能なものもあれば、解決出来ないものもある。複雑な問題ともなれば、自分が何について悩んでいるのかさえ気づかない場合もあるのだ。

〝悩む〟とは、どうしたら、より自分のためになるのかを知恵を絞って考えることだが、身近すぎて見えなかったり、自分の判断が間違っていないか不安になったりするのである。

自分自身の問題だから、自分が一番分かっているのには違いないんだけど、自分ひとりの決断では、なぜか不安で自信がないものなのだ。

こんな時、人は誰かに相談したりする。しかも、その相談相手は、いろいろで悩みの種類によって異なる。たとえば、家族や友人、はたまたその道のプロであったりするわけだ。

セールスマンをしていると、しばしばお客様の相談相手になる場合がある。もちろん相談といっても、人生相談であったり、恋の相談であったりするわけではない。ただ、だからといって簡単な問題ばかりではない。

お客様にとっては、商品を「買うか買わないか」「どれにしようか」は、とても重要な問題なのである。

もちろんセールスマンからしても、それによって売れるか売れないかが左右するわけだから重要には違いない。

しかし、お客様の悩みを解決しようと、あれこれアドバイスをしたとしても、うまくいかないものである。相手を説得しようとして自分ばかり喋る人もいるけど、こんな場合は、とにかく相手に十分喋らせるに限るのだ。

お客様のことは、お客様自身が一番知っている訳だから納得いくまで、いろんな想像やケースを聴いてあげるようにすればいい。

この時、会話の中で疑問に思ったことや、不思議に感じたことなんかがあれば、質問してあげるとより良いだろう。

お客様自身が、何を悩んでいて、本当は一番どうしたいのかという希望と、何故それができずに困っているのかという原因を、誠意を持って聞き出してあげればいい。相手の悩みを紐解くように、ひとつひとつじっくりと聞いてあげるようにすればいいのだ。

そうしているうちに、お客様自身の言葉につられて、相手の隠れていた本音のところが見えてくるのである。

「あなたにとって、これが一番ですよ。」と、いくら他人が言ったところで、本人が本気でそう感じなければ、結局何の意味も持たないのだ。他人から押し付けられた意見よりも、自分自身で思いついた意見のほうを、人は、はるかに大切にするものである。

また、自分の意見を否定されたとしたら、たとえそれがどんなに正しい意見だったとしても、相手にとっては理解しがたい訳である。

僕は、他人に自分の意見を押し付ける事自体がそもそもの間違いであり、相手にヒントを与えて思いつかせるほうが最善ではないかと思う。そうすると、「独りで悩んでいるよりも、誰かに相談してよかったわ。」となるからだ。

もしも、あなたがでしゃばってアドバイスをしたとして、それが相手の意見に沿わなかったとしたら、相手は二度とあなたに相談をしなくなるだろう。

だから、相手がどんな答えを望んでいるかをすばやく見抜き、答えを導くヒントを出してあげる事が何よりも一番大切なのである。

7　もしも～なら（仮説を立てる）

人間は悩んだり、迷ったりする生き物である。

他人から見た場合、さほど複雑な問題でなかったとしても、当の本人からすれば、非常に厄介で重要な問題だったりする。

しかも、深く考えれば考えるほど、自分の心というものが段々分からなくなるものなのだ。

また、これを誰かに説明する場合にしても非常に難しいのだ。

なにぶん自分自身が理解していないわけだから、何を迷っているのか、どんなことを悩んでいるのかを伝えようとしても、簡単ではないし上手く伝わらなかったりもするのだ。

その迷いや、悩みの答えを導き出せるのも、また自分自身でしかない為、悩むほどに頭の中を同じ考えが堂々巡りし、行き着く先を失うわけである。

迷いや悩みを解消するための唯一の手段は、自分の心に正直になり、順序だてて、ひとつひとつゆっくりと答えを出していくしかない。

何度も、心の壁にぶつかる度に、じっくり考えて答えを出していくわけだ。これにより気持ちが整理され、自分にとって〝どれが一番よい選択なのか〟が分かるのだ。

セールスマンも、お客様が悩んだり、迷ったりしているケースに度々でくわすことがある。

お客様は、どこかに何らかの問題があるということには気がついているんだけど、「その問題とは何なのか」「それでは、どうすればよいのか」が、分からないので困っていたりする。

つまり、なんとなく理解しているだけで、深く考えていないことが多いのだ。こんな場合、僕はいつもお客様にこんな風に考えることを勧める。

それは「もしも〜なら」と、仮説をたてて考える方法である。

もちろん、その時僕は、お客様と十分話し、たくさんの質問を投げかけ、相手の希望要望を聞き出すようにする。

そこでお客様に自分自身の心の中を再認識してもらうように丁寧に、相手の言葉をそのまま繰り返してあげるのだ。そうしてはじめて、自分が何を迷い悩んでいたのかが、理解できるのである。

それから、相手の口から出てきた情報をもとに、仮説を立てていくのだ。

仮説とはその時点で知り得ている情報や判断材料から言える仮の結論である。だから、その情報量が多ければ多いほどたくさんの仮説をたてることができる訳である。

僕は、お客様からの情報をもとに仮説をたてて、それをお客様自身に検証してもらうのだ。説得するのではなく、「うん、なるほど！」と、お客様に納得していただくのだ。

「これはいかがでしょうか。」というような売り込みスタイルの提案は、相手をさらに迷わせることになる。「こうしたほうがいいですよ。」と、いくら耳元で言われても、本人が本気でそう感じなければ、「うん、そうしよう！」とは、なかなかならないものだ。

だから説明や説得よりも多くの質問を投げかけるほうが重要であり、その質問から得た情報を基に的確な仮説をたて、お客様が求める答えを導き出すお手伝いをするのだ。

お客様が求める答えとは、つまり、お客様自身にとって〝どれが一番よい選択なのか〟である。

一般的な意見や、的確なアドバイスも時には必要かもしれないけど、迷ったり、悩んだりしているお客様に対しては、これは必要ではないのだ。

お客様の話を聞きながら、
お客様が求める答えを導いてあげよう。

8　どれにしようかな？

いまの時代、欲しい物はなんでもすぐに手に入る。

パソコンの電源を入れインターネットに接続すれば、あらゆるものを自宅にいながらにして注文する事が出来る。それに、商品の性能や価格の比較だって、あっという間にできてしまう。

「セールスマンが、必要なくなるんじゃないかな？」そんな不安が頭をよぎることもある。

しかし、単に物を売るだけならそうかもしれないけれど、セールスマンの本当の仕事は、欲しいと思わせる事であったり、必要であると思わせる事であったりする。

必要かどうか悩んでいたり、どれにしようか迷っていたり、優柔不断な人の心をうごかす事は、いくら技術が進歩しても機械には決してできない事だ。

お客様が、商品を気に入ったからといって、それだけで物が売れるわけじゃない。気に入って貰う事と、買って貰う事とは別物である。

しかも家族みんなで使うものや、ちょっと高価なぜいたく品なども気に入ってもらうまでは簡単なのだが、買ってもらうには非常に厄介だ。いちど購入すると、とうぶんのあいだ買い換えないわけだから「どれにしようかな?」と、慎重に悩む。

僕も以前、この「どれにしようかな?」に付き合ったことがある。

僕が、スバルに入社したての頃は、まだ注文書を手書きしていた。今ではパソコンを使って逆算ができたり、端数処理ができたりするらしいが、当時は注文書を書くのもひと苦労だった。

その為、入社一年目の新人は契約書を作成するときは必ず、先輩のセールスマンに同席してもらい、確認してもらう決まりになっていた。売りたいという気持ちとは裏腹に、この注文書を作成しているときの空気の流れがたまらなく嫌だった。

ある日、僕が追いかけていたお客様がご夫婦で来店された。七〇歳位のご夫婦で、「たぶん最後の車になるだろうから、じっくり考えたい。」とおっしゃっていた。その日で五度目の来店だった。

商品の事も十分理解し、とても気に入って貰えた。価格のほうも、交渉の末にどうにか折り合いがついた。僕は「やっと売れた。長かったなぁ」とホッとしながら、注文書を作成するために先輩セールスマンを探した。ところが、みんな外にではらっていて誰も事務所に残っていなかった。

すると、ひとりの先輩が戻ってきて「オレが確認したるわ。」と言った。

〝はじめに〟でも書いたが、「セールスの仕事は、聞いて習うもんやなくて、見て習うもんや。」と僕に言い放した大先輩だ。

僕は内心、嫌でしょうがなかったが、仕方なくお願いした。注文書に数字を記入しながら、嫌いなその空気を振り払うかのように雑談も交え、なんとか注文書を書き終えた。

その時、色を決め忘れていたことに気付いた。

「お色のほうは、何色がいいですか?」僕は何も考えずに尋ねた。

お客様は「どれにしようかな?」というと、またカタログを見はじめた。

あっと思った時にはもう遅く、「どれにしようかな?迷うわぁ」と自分の世界に入ってしまい迷っておられた。

最終的には、奥様は青色でご主人は緑色をご希望されていた。何度も色見本を見せ、僕も一生懸命どちらかに決めようと努力はしたが、結局ダメだった。

「悪いけど、一週間ほど考えさせてくれないかな。」と、ご主人がおっしゃられた。僕は仕方なくその申し出を受けようと思った。

するとその時、「青色にしときなはれ。」とあの大先輩が言った。一瞬、僕もお客様も耳を疑った。

先輩は躊躇することなく話を続けた。「お客様が購入されたこの車は、とても良い車です。今からの時期だったら、二人で釣りにでもいかれたら最高だと思いますよ。山道もすごく軽快に走りますから、楽しみにしといてくださいね。」

そのあと、先輩はご主人にこう言った。

「この自動車を選ばれたのは、ご主人の好みですよね。それなら、色ぐらいは奥様に選ばせてあげたらいいじゃないですか。青色も、とても綺麗ですから。」

そのご夫婦は、目を丸くしながらも嬉しそうに「青色でお願いします。」と、僕に言ってくれた。

あの時の会話や空気の流れは、いまだに鮮明に僕の記憶に残っている。

そして僕はあの時から、今もずっと「見て習う」を続けている。

インターネットや電話で何でも買える時代である。自動販売機も喋る時代だ。

でも、人の心を動かす仕事であるセールスという仕事は、決してなくならないだろう。

人は、迷ったり悩んだりした時に、背中を押して貰えるのを、待っている時もあるのだ。

9　相手の為を精一杯考えてみよう

セールスの仕事は、何かを売ることである。ときには相手が必要としていなかったり、欲していなかったりしても、どんどん商品を勧めることもある。

この為、とりわけ図太い神経をしていて、心臓に毛が生えているのであろうと、思われることも少なくない。

しかし、実際はその逆である。セールスマンは、非常に繊細な神経の持ち主で、常に相手のことを思いやる心を持っているものだ。すくなくても、〝よく売るセールスマン〟はこの事を一番大切に考えている。

セールスという仕事の一番のミソは、相手が存在するという事である。

つまり、ターゲットが見えているわけだから、それが会社であったり個人であったり多少の違いがあるにしても、相手を説得し口説けばいいのだ。くちで言うほど簡単ではないが、とにかくこれがすべてである。

まずは、お客様を分析することから始める。

初対面の相手の情報は、質問することによって聞き取り調査を行う。調査と言っても堅苦しいものになってはいけない。たくさんの質問を投げかけ、段々と本題に話をすすめていくわけだ。この時、ちょっとした笑いも交え、聞き取りしていることを相手に感じさせないのも一つのポイントである。

どんな人であっても口に出す言葉がすべて本心とは限らないし、最初から簡単に心を許してくれないものだ。

話しやすかったり、気が合ったりしたときも気をつけなければならない。なぜなら、そのお客様は、誰が相手でも話しやすく接しやすいわけだから、手放しに喜んではいられない。**ここで大事なのが、相手の信頼を勝ち得ることである。**

さて、それでは〝相手の信頼を勝ち得る〟為にはどうしたらいいだろう。

セールスマンは、自分中心に話を進めることがよくある。慣れてきた頃に、特に気を付けなければならないのが、自分の話に酔ってしまい、独りよがりな内容を話しがちになってしまう事である。これでは、いくら正しいことを言っていても相手に自分の意見を理解して貰うことは出来ないし、信頼して貰うことは出来ない。

お客様との会話の中で、こんな質問をされることがよくある。

「あんたやったらどうする?もし、自分やったらどれにする?」と、セールスマンに決断を委ねられる場合である。

もちろん、話のフリであることがほとんどで、セールスマンが選んだからといって、それに決まることはまずない。当然、最後はお客様自身が決めることになる。

でも、僕はこんなときいつも、「僕だったら間違いなくこちらにします。絶対にこれは譲れませんね。」と答える。

お客様は、僕が胸をはって答えるわけだから、何故僕がそれを選ぶのかが、すごく気になるのだ。だから、真剣に僕の説明に耳を傾けてくれるようになるのだ。

お客様も、無意識のうちにセールスマンに対して、「あなたが、もし自分の立場なら、どう判断しますか?どれを選びますか?」というように、自分の立場にたって考えて貰える事を望んでいるのである。

僕は、常に相手の立場にたって、相手のことを思いやり、相手の為を精一杯考えること

が信頼を勝ち得る一番の近道であると思っている。

お客様の為を精一杯考え、いろいろな形でシュミレーションする。そうすれば、相手にとって最善の提案が出来るのだ。

お客様の立場に立って考えるという事は、非常に難しい事だ。ただ、真剣に相手のためを考え、誠実に思いやる事ができたとしたら、どんなものでも売れるだろう。

セールスマンにとって一番大切なモノは、「相手を思いやる心」である。

10　タイミングが一番

いくらあれこれ考えたところで、売れないときは売れない。

売れるときは、何もしなくても売れるものである。その理由は、実に単純明白である。そこにそれが有り、〝その時〟欲しい人が、そこにいたからである。

何かを売るには、仕掛けや仕組みが必要である。それが、どんなに素晴らしくても、それだけでは必ずしも売れるとは限らないのだ。

しかし、何かを買う理由としては何も難しく考える必要はない。それが欲しいものであり、〝その時〟欲しいかどうかに尽きるだろう。

人の気持ちはとても複雑である。相手の気持ちを知る為に、いろんな想像をめぐらせるが、なかなか的を得ないのが実際のところだ。

ただし、相手の話を十分に聴き、相手の気持ちを汲み取る事が出来たら、徐々に相手の希望や要望を聞き出す事は可能だろう。また、相手にそれ（希望や要望を話すこと）が自分にとって一番良いことだと気づかせる事も、簡単ではないが可能である。

ここで、セールスマンにとって、とても大切な話をしよう。

僕は、数え切れないほど多くの人達と話し、たくさんのモノを売ってきた。その中で、いろんなことに気づき、自分なりの考え方やテクニックなどを身に付けてきたわけだけど、どうにもならない問題がひとつだけあるのだ。

それは、〝タイミング〟である。タイミングを見極めるということである。

これだけは、言葉や文章で、説明できるものではない。

もしも、論理的に説明ができたとしても何の役にも立たないだろう。これは感じるものであり、ひとことで言うと〝カン〟のようなものである。経験の積み重ねによって身に付く能力なのかもしれない。

この〝タイミング〟というのは、良ければ何の労力をかけずとも良い結果を招くのだが、悪ければすべての努力を無駄にしてしまうのだ。だからタイミングを見極めるのはとても重要なわけである。

しかし、だからといってまったく手の打ちようが無いか、と言えばそうでもない。「見極める」ことはできなくても、「見計らう」ことは、少し気をつければできるのだ。これは〝カン〟でもなければ経験の積み重ねでもない。

相手の立場にたって、考えることができれば、今が「チャンス」かどうかは、見抜けなくても、タイミングが〝良いか悪いか〟ぐらいは判断できる。これだけでも、商談の行方は大きく変わってくるだろう。

このことを忘れず続けていれば、あなたもいつかは、〝タイミング〟を見極めることができるようになり、〝機を逃さない〟〝チャンスをつかめる〟セールスマンになる事が出来るだろう。

第一章のまとめ

すべての出来事は、ほんのちょっとしたキッカケから始まるものである。

あなたが、セールスを始めたのも、今悩んでいる事も、そして、もう一度立ち上がろうと思った事にも、何か〝キッカケ〟があったはずである。

この本を手に取り、あなたが、『さぁもう一度、トップセールスを目指すぞ！』と思ってくれたとしたら、僕との出会いが、あなたにとっての〝ちょっとしたキッカケ〟であるわけだ。

それらの〝ちょっとしたキッカケ〟を、あなたが、自分の中でどう感じて、どう受け止めるかが、とても大切であり、そして、これから〝どう心掛けていく〟かが、大きな差を生むのである。

すべての出来事は、
「ちょっとしたきっかけ」から始まるものである。
あなたも、早くその「きっかけ」を掴んで、
セールスという山を登って行こう！

第二章　努力に勝る天才はない

1　笑顔の練習

あなたの周りにも、楽しい雰囲気や居心地の良い空間を創り出す友人がいるだろうか。僕の知り合いの中には、何人かそんな人達がいる。

彼らは、大きな目を細めて、ときには声を出し「アハハ。」と笑ったり、僕の話に手をたたいて笑ったりもする。それは大袈裟でもなく、ごく自然に振る舞われるのである。

それにつられて僕も周りの人も笑顔になり、彼らに引き込まれるように、とても楽しい時間を共有するわけだ。こんな人達と過ごす時間はとても楽しく、有意義な時間のように感じられる。

僕も彼らのように、「こんな人と過ごしたい。」「また話したい。」と言われるように〝努力〟している。

どんな〝努力〟をしているかというと、何度も繰り返し練習するのである。

笑顔の練習は、一見するとかなり不思議な光景である。鏡の前に立ち、ニコッと笑って見せるわけだ。

別に僕はナルシストでもないし、とくに自分の顔が好きなわけではない。これが笑顔の練習なのだ。

普通男性は、顔を洗ったり歯を磨いたりする朝の一〇分程度の時間くらいしか、自分の顔を見ないものだ。それ以外では、トイレの手洗いに鏡があれば、少し髪の毛の乱れを直す程度なものだ。

その点女性は、化粧をする時間や、髪の毛のセットをするときなど、どちらかと言うと男性よりは時間をかけるわけだから、自分の顔を鏡で見る時間は、男性諸君よりは長いと言えるだろう。

だけど、どちらにしてもあなたが自分の顔を鏡で見ている時間よりも、あなたと話すお客様のほうが、その何倍も長い時間あなたの顔を見ているわけである。あなたが示す、顔の動きに注意しながら、お客様は、あなたの説明を聞いているのである。

あなたは、他人と話をするときどこを見て、何を感じて、どんな事を考えて話しているだろうか。

それは、無意識かもしれないけど、相手の目を見て、ときには眉の動きにも注意しながら相手にまっすぐ向かい話しているに違いない。

人によって違うけど、話しやすいか話しにくいかは、おそらくこの微妙な顔の表情や、それにともなう雰囲気から感じるものなのだろう。

重要な話をする時や、相手に伝えたい事柄などを話すときは、自然と目に力が入り、相手をまっすぐ見つめているだろう。楽しい雑談をしているときは、顔の力は抜け口元は緩みやさしい目を相手にむけているのだろう。

あなたが示す顔の表情は、あなたが発する気の利いた言葉よりも、相手にずっと強い印象を与えるのだ。その中でも、笑顔というのはとりわけ難しいものだ。

本当におかしな時や、楽しい時、それに嬉しい時なども、誰に教わったわけでもないが自然と笑顔がこぼれる。こちらが、笑顔を見せると相手もさらに笑顔で返してくれるのだ。

だけど、これが意識をして笑顔を作ろうとすると、顔が引きつりこわばったりする。実際に鏡で見てみるとその違いは明らかで、これでは楽しい雰囲気なんかは作れるはずもないだろう。

だから、ひたすら練習するしかないのだ。

どんな練習をすれば上手に笑うことができるようになるのかを、もう少し詳しくその方法について話そう。

「ニッ、ニコッ、ヘラヘラ、アハハ」と、繰り返し、声を出して、身振りや手振りなども加えながら鏡の中の自分に笑いかけるのだ。かなり違和感はあるけど、とにかく続けていると、なんだかおかしくなってくる。

不思議なものだが、ほんとうに楽しくなるのだ。気が付けば五回に一回は普通に笑えるようになる。その笑いにつられ、段々と上手に笑顔を作れるようになるのだ。

ここで勘違いしないで欲しいのだけど、僕は、愛想笑いや、作り笑いが大事だと言っているのではない。

あなたと過ごす相手に、少しでも居心地が良く、愉しい時間を過ごして貰う方法として、笑顔の必要性を話しているのである。

お客様があなたと話していて楽しいと感じたり、あなたを話しやすい人だと感じたりしたら、お客様は気持ちが良いだろう。

それは、あなたにとっても、お客様との信頼関係を築くための大きな力になるはずである。

あなたの笑顔につられ、楽しそうに話すお客様の顔を想像しながら、毎日少しの時間でいいので、練習を続けてみよう。

2　楽しくさせる練習

笑顔にも練習が必要なのと同じように、楽しい空間を作り出すにも、それなりの努力が必要である。

楽しい空間や、居心地の良い空間がどれだけ大事かは、さっきも話したけど、ここではそれらの空間を作る為の、人を楽しくさせる練習方法を話そうと思う。

これはとても簡単で、誰でも少しの練習と心掛けで必ず出来るようになる。でも、気を抜いてしまうと、すぐに忘れてしまうことも多いので注意して欲しい。

僕のお客様の中に、一緒にいるだけでこっちが楽しくなるような、すごく不思議な雰囲気をもった人がいる。特に話が上手なわけでもないし、話題が豊富なわけでもないのに、なんだか居心地がいいのだ。

イメージとしては、とにかくいつも笑っている印象が強い。怒っている顔など見たこともないし、想像することさえ出来ないぐらいだ。

僕が、彼から教わったのは、〝楽しく考える〟〝悪く考えない〟ということである。

これも、僕がスバルで働いていたころの話である。

いつものように夜遅くまで仕事をしていると、会社の電話が鳴った。僕以外にも何人かのセールスマンが残って仕事をしていたが、もうそろそろ帰ろうかなと思っていた時である。

電話の主は、僕のお客様で、電話の内容は、高速道路の入り口で事故を起こしたという連絡だった。さらに、エンジンがかからないので迎えにきて欲しいとお願いされた。

僕は時計を見上げ一瞬考えたが困っているだろうなと思い、後輩のセールスマンを一人連れ現場に向かった。

現場に到着した時にはすでに、夜中の一二時をまわっていた。

事故の原因は、前の車を追い越そうとした時、突然その車が進路変更したので接触してしまったというのだ。

幸い怪我はなかったようだが、彼の車は大破していた。

「運が悪かったですね。」と僕がいうと、「いや～ついてたよ。」と彼は、ニコニコ笑いながら答えた。僕は、聞き違えたかなと思ったが、敢えて聞き直すことはしなかった。

僕達は、急いで壊れた車を一台積みと呼ばれる、車を載せるための大きなトラックに載せた後、現場を掃除してその場を後にした。

その間中、彼は、ずっとニコニコしていた。車を積み込む僕達や、他の車を誘導していた彼の友人に対して、さらには事故の相手に対してもすごく気を使い、やさしい言葉までかけてあげていたのである。

会社に戻る道中、再度彼に聞いてみた。

「運が悪かったですね。」と僕がいうと、「いや～ついてたよ。」と彼はまた答えた。

今度は僕も「なんでついてたんですか」と、尋ねた。

すると、彼は「怪我もなかったし、あんたもすぐに来てくれたしすごく助かったわ」と、答えた。

でも僕は、なぜだか納得いかず話を続けた。

「でも、車を直すのにかなり費用がかかりそうですよ。」と言うと、「でも、あれが高速道路に乗っていて、すごくスピードが出ていたとしたら、あんなもんじゃ済まなかっただろう。だから、あの程度の事故ですんでとても運が良かったんだ。」と、彼は笑いながら言ったのだ。

僕は、これが高速道路の入り口で、夜中に事故をおこし、その後一時間ほど現場の片付けをしたひとの言葉とは思えなかった。

会社に到着し、彼は僕に言った。「今日は、ほんまにありがとう。助かったわ。」

僕はかなり疲れていたが、悪い気はしていなかった。**僕はこの時、彼のこの考え方を見習おうと思った。何事でもプラスに考える考え方である。**

もしもあの時、彼がすごく落ち込んでいて、重たい空気が流れていたとしたら、現場に迎えに行った僕や、現場の後片付けを手伝っていた僕の後輩や、彼の友人はどう感じただろうか。

〝楽しく考える〟〝悪く考えない〟ということは、周りの雰囲気さえも楽しくさせるのだ。

その方法は、考え方や感じ方を変えるだけである。

僕がこのときから続けているのが、気持ちの持ち方を変える練習である。

これを実践することが出来れば、あなたの周りには、いつも楽しい空気が流れ、居心地の良い空間が広がっていることだろう。

少々の苦難もプラス思考で、
自分の周りに楽しい空間を作って行こう。
周りの雰囲気を楽しくしていくことで、
活力が出てくる場が出来ると思う。

3　想像を膨らませる練習

セールスマンの仕事は何かを売る事である。

なにかを売る為には、それを欲しいと思わせる必要があり、そう思わせるためには、想像させる必要があるわけだ。

でも突然、「さぁ、想像してみてください。」と言われても、あまりピンとこないだろうし、少し胡散臭く感じられてしまうかもしれない。だから、ここでも練習が必要になってくるわけだ。〝欲しいと感じるように、想像させる〟〝楽しいことを連想させる〟ように話を進めるのである。

セールスマンが売るものは、難しく言うと商品ではない。その商品を使って得られる〝満足〟なのである。

だから、「この商品はとてもいいですよ。」とか「他にはないおいしさですよ。」と、言われても、頭の中には何も浮かばないだろう。

だけど、ここにひと言付け加えたとしたらどうだろう。「一度使ってみてください。」「さぁ味わってみてください。」

すると少しだけど、それを使ったり、味わったりするあなた自身のことを想像したのではないだろうか。

お客様に商品を勧めるときには、その商品により満足しているお客様自身の姿を想像させるのが、一番手っ取り早いのである。

もしも、あなたが〝何か〟を売りたいと思うなら、まずその〝何か〟をお客様がなぜ欲しがっているのかを想像してみるといいだろう。

その〝何か〟が何であるにせよ、まずこう考えるわけだ。「お客様は、なぜこれが欲しいのだろう。」「何時どこで、これを使うのかな。」などである。

その〝何か〟によって、想像の範囲はいろいろと異なるわけだけど、その〝何か〟によってお客様が何を求めているのかを想像するのは、それほど難しくないだろうし、誰であろうと大きな違いは無いはずである。

それが想像できたら次に、それを使っているお客様の姿を想像するのだ。

〝楽しそうに〟なのか〝嬉しそうに〟なのか、もしくは、〝おっかなビックリだけど、とても誇らしげに〟などと、あなたの頭の中に出てくるその〝何か〟を使って満足気にしているお客様自身の姿を出来る限りたくさんのケースを想像しておくのだ。

これは、お客様のタイプによっても違うだろうし、年齢や、性別、家族構成によってもその想像は変わってくるはずだから、出来るだけたくさんの想像が出来たほうが、実際の商談の時には有利になるわけだ。

普段からこの想像を膨らませる練習を続けていると、実際にあなたがお客様に〝何か〟を勧めるとき、それが十分に力を発揮されることになる。

あなたは、相手の希望や要望を聞き出し、そこで事前に用意した想像を相手に聞かせるわけである。

事前に用意しておいたたくさんの想像の中から、あなたは目の前にいる相手に合うものを選び出し、話して聞かせるわけである。

それにより、あなたが、お客様に自分自身の満足している姿を想像させることが出来れば、お客様の〝欲しい〟〝買いたい〟を、より大きくさせることが出来るようになる。

こんな風に頭の中で、想像を膨らませることによって、実践に役立てることは、何もセールスの仕事ばかりではない。スポーツ選手であったり、Ｆ１のドライバーであったりしても試合前やレースの前には、イメージトレーニングを繰り返すそうである。

ただし、セールスマンが行う想像を膨らませる練習は、相手の気持ちを動かすという点においては、それ以上に大切なものかもしれない。

4　上手に話すコツ

言葉には力がある。それは、聞く人を楽しい気分にさせたり、嬉しい気分にさせたり、反対に悲しい気持ちにさせたり、不快な気持ちにさせたりすることもある。

人の感情を左右したり、歓喜させたりすることも出来るとても大きな力が言葉にはあるのだ。

話す時の仕草や、話し方にしてもその言葉の力の伝わり方は大きく変わる。強い口調で話す人、やわらかで穏やかなトーンで話す人やサラッと早口に淡々と話す人など人それぞれである。

上手に話すとは、いったいどれが上手でどれが下手なのだろうか。

滑舌よくハキハキ喋ることが上手に話すことなのだろうか。それとも流暢に流れるように話すことが上手な話し方なのだろうか。

僕は、ハキハキとも喋らないし流暢に話すことも出来ない。どちらかと言うと、そういった意味では話しかたは下手な方じゃないだろうか。言葉が詰まったり、噛んでしまったりすることも度々である。

だけど、僕なりに幾つか意識して話している事がある。それは、話の組み立て方と、話すスピードや声の大きさである。

つまり、言葉の力をどう相手に一番上手に伝わるかを常に考えているのである。

僕は、相手のペースに合わせて、相手の話しやすい話題を中心に話すのだ。

言い回しに気をつけて、聞き間違いや誤解がないように確認しながら話す。例え話や表現などには特に気を遣っている。

それに、聞き取りにくい場合なんかは、話の腰を折らないように、気遣いながら聞き返すようにしている。自分が気持ちよく話すのではなく、相手に気持ちよく話してもらうように心がけている。

そこで、一番よいタイミングで、ポツリと一言付け加えたりするのである。

これは相手の話を真剣にじっくり聞く姿勢でないと、なかなか出来ないことだ。

でも、反対にこれを意識するだけで、特に経験や知識がなかったとしても、口下手で、ハキハキ喋れなかったとしても、セールスとして十分やっていけたりするのである。

よくお客様から、「上手いこと言うなぁ～、さすがセールスマンやなぁ～。」とか、「コロッと騙されそうになったわ。やっぱり口が上手いなぁ～。」等と、いわれる場合があるけど、そんな時に限って僕は、ほとんど喋っておらず、相手の話に合わせていることが多いのだ。

時には、大きくうなずいて見せたり、身を乗り出してみたり、自分の考えを話すのではなく、相手の意見を聞き出しながら、それを決して否定せずにどうしたいのか希望を聞き出す。その上で自分の意見を伝える様にしている。

僕が、お客様に伝える内容は、いつもほとんど変わらない。扱う商品が変わったからといって、話す内容を変えるのではなく、基本的には、まず相手の欲するところを見抜き、その欲求に応えるようにしている。

つまり、商品の説明を希望されているのなら、そこから話がズレないように、納得して貰えるまで商品説明に徹するのだ。そのうえで、自分の感想を付け足すようにしている。

資金計画について相談を受けた場合にも、同じように一般的な知識に対する説明を詳しく伝えた上で、僕ならどうするかを付け足す訳である。

こういった具合に、僕はでしゃばり過ぎないようにさりげなく、自分の希望や意見を相手に投げかける様にしているのだ。

相手の意見をよく聞き、相手の要望や欲求を満たしながら会話を組み立て話していけば、相手はとても気持ちよく話が出来るわけだし、相手の意見を十分尊重したうえで僕やあなたが、相手に伝える意見に対しても、頭ごなしに否定的にはならない筈である。

上手に話すコツは、ここにあるのではないかと僕は思う。

つまり、相手の立場で物事を考え、相手の為を十分思いやり、相手が楽しんで話せるように会話を組み立てることが、上手に話せる秘訣なのではないだろうか。

5　上手に口説くコツ

お客様にもいろんなタイプの人がいるのと同じように、その考え方も様々で十人十色である。人それぞれいろんな考え方や感じ方があるわけだから、その人を相手に、赤の他人のセールスマンが、あれこれ言葉を並べたてて説得しようとしても、簡単に「はい、そうですか。」とか、「なるほど、よく分かりました。」等となる筈もないのだ。

それに、セールスマンがお客様を相手に何かを提案したり、勧めたりするケースの大方が売り込みであり、その説得により、セールスマンサイドである売り手に何かしら利益が発生するわけだから、理解は出来ていても得心したり、納得したりまでさせるのは難しいだろう。

どんなに話し上手で、口達者であったとしても、相手の考えを変えたり、売り手の考えを理解して共有して貰ったりすることは非常に難しいのである。

それではどうしたら、お客様に対して上手く商品を勧めたり、買って貰えるように説得したり出来るのかを考えてみよう。

お客様は、いったい何故セールスマンから商品を買うのだろうか。その気になればカタログ販売やテレビショッピング等でも商品は買える筈である。

それなのに何故？

その理由は色々だろうけど、カタログやテレビを見て、「欲しい」や「買いたい」は想像出来ても、実際に「買うぞ！」と、決断するまでには至らないという理由が多いのではないだろうか。

それに、商品を直接手にとってみて、実際にきっちり説明を受けてから、買うか買わないかを決断したいといった理由もあるだろう。

この様に理由や考え方も人それぞれだけど、こういった理由はどちらかというと低価格な商品よりも一度購入すると買い換えたりしないような、高額な商品やサービスに多かったりするだろう。それと、低価格であっても競争率の激しい商品等でも、同じようなことが言えるかもしれない。

一見すれば、同じようなサービス内容や価格であったとしても、いろんな特典や割引などがあり、なかなか素人目には商品ごとのメリットや、デメリットが分りにくい場合などである。こんな時にも「これにしよう！間違いない！」となるのは難しいわけである。

つまり、お客様にはいろんな考えや思惑はあるけれども、自分独りでは決められず、迷っていたり悩んでいたりするのだ。

そんな時、誰かに説得されたいと思っているのだ。

カタログやテレビコマーシャルで、商品が良いのは分かるけど、本当にそれが自分にとって最善なのかを、理解したいのである。

「納得したい得心させて欲しい」と、いうのが本音のところではないだろうか。

ここでセールスマンの出番となるわけである。

ただし最初から、お客様はセールスマンに対して好印象は持っていないと思って間違いないだろう。

お客様の持つセールスマンに対する一般的なイメージは、「セールスマンは口が達者でお世辞も上手い。大袈裟に言えば、商品やサービスを売ることしか考えていないし、売った後はその商品が故障したり不具合が生じたりしても、一切の責任は取ってくれない」と、思っている場合もあるほどである。

しかし、それにも関わらず、お客様はセールスマンに質問したり、相談したりするわけだから、当然セールスマンがお客様自身に何を望んでいるのかを理解しているのだろう。そうなのだ、お客様は、セールスマンがお客様に対して商品を売りたがっていることは百も承知で話しているのだ。だから、幾ら口八丁手八丁で上手にまくし立てても、お客様の心には響かない。さらに言えば、それをすればするほど逆効果になるのである。

僕の場合、お客様を説得する方法は少し変わっている。

僕は、お客様がセールスに持つイメージを十分理解したうえで、ゆっくりと説得していくのである。

まず、その手始めとして、ハードルを下げる努力を出来るだけ精一杯するのだ。

ハードルを下げるというのは、どんな場合でも一〇〇パーセント全てお客様の希望や要望が叶うことがあり得ないことを、一番はじめに伝えておくことである。

お客様は、自分の満足を満たす為に商品もしくは、サービスを手に入れようとする訳だから、自分優位の考え方に物事を進めようとする傾向があり、凄くわがままに物事を考えることが多い。

そんな時に、どんなにそのことを理解して貰えるように説得したとしても、売り手側の考えを無理やり押し付けられているようにお客様は捉えてしまうのである。

売り手のこちら側から、幾ら商品やサービスの内容を説明したとしても、まず僕の話を本気で理解しようとしてくれないし、その姿勢で幾ら真剣に熱く語ったとしても、お客様からすれば、敵か味方かというと、僕は敵でしかありえないのである。

だから、僕自身がお客様の立場に立って考えている事を分って貰えるまで誠意を持って話すのだ。

話はそこから始まるのである。

お客様の為を精一杯考えて、その気持ちをうまく相手に伝えることさえ出来れば、僕を心強い味方と理解し、いろんな相談を持ちかけたり、アドバイスを求めて来たりするのだ。

自分のことを真剣に考えてくれる相手に対して、人は悪い気はしない。このことさえ忘れなければ、相手にも必ずあなたの気持ちが届くはずである。これが、お客様を上手に説得するコツなんじゃないだろうか。

6　ハードルを下げる努力

さっきも少しこの話に触れたけど、もう少し詳しくハードルを下げるということを話そうと思う。少し専門的になるかもしれないけれど、覚えていて欲しいのでちょっと我慢して付き合って欲しい。いつかきっと役に立つだろうから。

これは、一見すると高度なテクニックのように思うかもしれないけど、実はそれほど難しいものではなく、少し意識すれば誰でも簡単にその効果を得られるはずである。

僕が言うハードルを下げるというのは、どんな場合でも全てお客様の希望や要望が叶うことがあり得ないことを一番はじめに伝えておくことである。

つまり、簡単に言えば嫌なことや言い難い事を後回しにするのではなく、最初から伝えておくという事だ。

例えば、お客様が自分優位に考え、自分勝手なわがままな考え方であなたに少々無理な要求をしてきたとしよう。

あなたは当然無条件ではその要求を受け入れることが出来ない様なとき、あなたは相手をある程度こちらサイドの事情も聞き入れてくれるように説得する必要があるだろう。

そんな場合、あなたの要望をそのままストレートに投げてしまうと、相手はまず受け入れてくれないだろう。

だから、あなたの要望を話し始める前に、如何にお客様の要求が、お客様本位であるかということを、繰り返し理解してもらう必要があるわけである。但しこのとき、相手の意見を肯定しながらであり、決して否定してはいけない。

なぜなら、理解させるというよりは、どちらかというと相手に気付かせるほうが最善なわけだからだ。

教えるや、判らせるといった上からの立場ではなく、「あっ、ちょっと無理言い過ぎたかな?」とか、「やっぱり少し無茶やったかな?」となるように、表現は少し悪いかもしれないけれど、**〝演出〟するのである。**

相手にこんな感情さえ抱かす事ができれば、それ以上の無理な要求はしてこないだろうし、あなたの要望も踏まえた会話をしてくれるようにもなるのだ。

こうして、お客様が自分の満足を満たす為に自分優位の考え方で、セールスマンに対して突きつける要求のハードルを、それ以上あがらないように伏線を引いておくわけである。

これが、僕がお客様との交渉や説得のときに意識している、ハードルを下げる努力である。

僕は、常にお客様の立場で物事を考えるようにしている。それは、お客様との信頼関係を築く為にそうする事が一番近道だと考えるからである。だから、時にはきつい言葉でも正直に僕の意見を伝えるようにしている。

お客様の要求を一〇〇パーセント叶えてあげるのが理想だけれど、出来ない事を出来ると言うわけにはいかない。お客様に喜んでもらう事がセールスの仕事だけど、無理な事は、無理だと、はっきり口にすることもセールスにとっては大切なことなのである。

ハードルを下げると言うことは、相手に過度の期待をさせるのではなく、公平な目で判断した場合に、お客様にとって何が一番大事であるかを、損得で言えばどれが一番得なのかを、気持ち良く決断してもらう為の手段である。

7 会話の中での注意点

僕は、今までにたくさんの人達と出会ってきた。だから、人間にはいろんなタイプの人がいて、いろんな考え方がある事を知っている。すぐに打ち解けて、何でも話してくれる気さくな人もいれば、反対になかなか本音で話してくれない気難しい人などがいて、本当に様々である。

それこそ、何を考えているのかさえ全く分からない人も大勢いるのだ。ほとんどの人は、出会ってすぐに自分の正直な気持ちを話してくれる事はなかった。

だけど、中にはストレートではないにしても、何かしらの方法で気持ちを伝えてくれる人達もいる事に気が付いた。それも、態度なのか仕草や会話の流れなのかは、これもまた、人それぞれであって、パターンなどのようなものは、存在しないのだ。

僕は、お客様と最初に話を交わす時、いつも心掛けている事がある。

それは、人を見た目で判断したり、決め付けたりしないという事である。

話し易そうだとか、気が合いそうだとか、逆に気難しくて苦手そうだとか、見た目から分かる人もたくさんいる。

だけど、そんな時は特に注意しながら、〝人は見た目じゃ分らない〟と、自分に言い聞かせながら、慎重に対応している。そして、全てのお客様に同じサービスが出来るように心がけているのだ。

なぜなら、僕達セールスマンは、友達になる為にお客様に話しかけるのではなくて、何かを買って貰うという目的の為に、信頼関係を築こうとしているのだ。

もしも、あなたが逆の立場で、外見で態度や口調を変えるセールスマンに出会ったらどう思うだろうか。相手はあなたを見た目で判断し、馴れ馴れしかったり、よそよそしかったり、丁寧だったり、偉そうだったりしたなら、少し嫌な気がしないだろうか。

だから、見た目や雰囲気で、お客様のタイプを決めつけて、話し方や口調、それに態度を変えて対応する事はとても危険なのだ。

話し易くても、取っ付きにくくても、みんなに同じ満足を与えるサービスを提供する事が、僕達セールスマンの仕事なのである。

しかし、どんなに注意していても、時々僕の対応が気に入らないらしくて、怒鳴られたりした事が何度かあった。僕が、良かれと思い取った行動が裏目に出たりした場合である。

こうなってしまうと、せっかく築き上げてきた信頼関係は、驚くほどあっさり、脆く壊れてしまうものである。

しかも、一度壊れた関係が元通りにもどる事は難しいのだ。こんな風にならない為には、お客様との会話の中で、相手に対する気遣いや心配りを忘れないことがとても大切である。

他人と上手にコミュニケーションをとるのは難しい。観察力や洞察力や、表現力や瞬時の判断力といったものも必要だろう。それと、やはり最後には、論理的な説明能力などがセールスマンには求められるのだろう。

しかし、こういった能力は、経験を積み重ねるうちに自然と身につくものであり、練習して身につくといった類の物ではない。

僕は、これらの力は上手に話すうえで大切だと思うけど、なくても何とかなるものだと思っている。**これらの力以上に大事なことは、相手に対して自分の考えを正確に伝える事**

だと思うのだ。

誤解や錯覚、思い違い等が起こらないように、時には何度も繰り返し、表現方法を変えたりして、確認しながら進める事が大切なのだ。これは、セールスなら出来て当然なんだけど、誰もが一度は誤解や錯覚、思い違いでクレームになったり、トラブルを起こしたりするものなのである。

もちろん、わざと望んでトラブルを起こす人などいるはずもないけど、この誤解から生じる、思い違いや行き違いは、最初は小さなボタンの掛け違いから、想像を上回るほどのクレームに発展する事もあるのである。

せっかく築き上げた信頼関係を壊さない為にも、人の話は最後までしっかりと聞き、自分の考えを正確に誤解のないようにつたえる事は、お客様と話すうえで非常に大切な事である。

お客様にはいろんなタイプの人がいるわけだから、自分の伝える言葉が相手に対して、どんな風に伝わっているのかにも注意しなければならない。それと、相手に対する気遣いや心配りが大切であることも忘れないでおこう。

8　人間観察

「お客様の考えている事が、分かればいいのになぁ。」と、セールスの仕事をしていると思うことがある。実際は、分からないから面白いのだが、相手の立場や考えを想像しているうちに、いつの間にかこんな風に考えてしまうようになるのだろう。

だけど、「考えを見抜く」とまでは行かないけれど、お客様の次に取る行動や、次に何を話すかなどを、かなりの確率で言い当てる事は、可能なのである。

もちろん、それは、超能力や予知能力といった非科学的なものではなく、占い等の神がかり的なものでもない。

おそらく、何十年もセールスや接客の仕事をされている人なら、〝相手の考えが、手に取るように分かる。〟といった感覚は「経験によって得られるようになるものだ。」と言うかもしれない。

しかし、僕は、年数や実績に関係なくこの能力を身に付けることが出来ると考えている。だからといって、理論や理屈で説明出来るものでもないことも分かっている。やはり、ある意味これも、場数や経験に近いのかもしれない。

つまり、練習をすれば、この能力は誰でもさほど苦労もしないで身に付くものだと、僕は考えている。

僕が、セールスをはじめた頃の話は前にもしたけど、先輩セールスとお客様とのやりとりを遠目で見ていてすごく参考になった憶えがある。**僕が考える練習方法は、人間観察によるイメージトレーニングである。**

セールスの仕事にもいろんな業種があって、店頭に呼び込み接客するスタイルや、お客様のご自宅に、直接訪問する飛び込み販売のようなスタイルなどもあり、その形態は様々である。

だけど、相手がいて、何かを売る事は同じである訳だから、その応対の中で参考になる事は少なくないだろう。

この練習方法の良い点は、とにかく暇があって、周りに人さえいれば何処に居ても出来るところである。

お客の行動や考え方などをイメージする場合は、公園や駅のホーム等でも実行出来る訳だ。練習の始め方には、特にこれといったルールは無いけど、普段自分が対応するお客様のイメージにダブるタイプの人を選び観察するほうが、より実践に近い想像が出来て、参考になるのではないだろうか。

それから、この練習を始めると最初に、改めて感じる事があると思う。

あなたが、何かを売ろうとする相手は、人間であり、いろんなタイプの人がいて、いろんな行動をとる生き物であることを再認識する事になるに違いない。

「人間は論理の生き物ではなく、感情の生き物である。」という事を、何かの本で読んだ事がある。

楽しい時には笑い、悲しい時には泣く。気に入らない事が有れば怒り、思い通りにならなければ、腹を立てて不機嫌になるのだ。

僕達セールスが相手にしている人間というものは、複雑な感情を持っている。だけど、楽しい時には笑うのだ。嬉しい時には喜ぶのだ。

それは、僕やあなたも同じである。いろんな人間を観察していると、今まで気が付かなかった、新しい発見があるかもしれない。

どんな風に接すれば、相手を愉しく心地よくさせる事が出来るのだろうか。人間観察を続けていると、いろんなところにヒントがある。スポーツ観戦をしていても、たくさんの事を学ぶ事が出来る。

例えば、一流のプロサッカー選手は、相手を見ないでパスを出したり、一瞬蹴ると見せかけてドリブルで相手をかわしたり、まるで相手の心が読めているかのような鮮やかなプレーを披露して、観るものを魅了する。また、バレーボールの試合を見ていても、時には物凄いアタックを打ったり、フワァとしたボールで意表をついたり、瞬時の駆け引きで勝敗がきまる事も少なくない。

これらの、高等テクニックは、まさしく練習の積み重ねにより身につくのだろう。こういったテクニックはフェイントと呼ばれるもので、相手の裏をかく技術である。

自分のとる行動に対して相手が反応するのだから、それをあらかじめ予測し、自分にとって有利になるように利用する訳である。

つまり、相手の行動は、ある程度予測出来るし、制御も出来るのである。だから自分がどう動けば相手がどう動くか予測出来れば、その裏をかくことも可能になる訳だ。

これらを意識して、いろんな他業種の接客シーンを観察していると、〝セールスのとる行動によりお客様がどう動くか〟というところに、焦点を合わせることも出来るようになるだろう。

もちろん、言うのは簡単だけど、これらの事も普段意識していなければ、気にも止めない風景だから、何度も繰り返し続けている内に、初めてそのような瞬間に出会う事が出来るだろう。

その時、お客様とセールスとの会話の流れをその情景から想像するのだ。

そして、自分ならどうするだろうと考えながら、その場のやりとりを遠くから、ただ、いろんな想像をめぐらせて見ているだけである。これを何度か続けている内に、不思議とセールスの話す内容や、それに続くお客の話も聞こえるはずはないけれど、なにやら聞こえてくるかのように想像できるようになるのだ。

何度も言うようだけど、人間は複雑な感情を持った生き物である。だけど、あなたも僕も同じ人間なのだ。努力を続ければ、必ず身に付くはずである。

9　〝失敗から学ぶ〟という考え方

セールスという仕事が他の仕事と違うところは、単にモノを売るだけではなく、クレームの対応やアフターサービスや定期訪問などの多岐にわたる業務内容があるところだろう。

さらに言えば、それらにプラスして、社内と社外を見る必要性があるところだ。言ってみれば総合職である。

総合職であるセールスの仕事をそつなくこなすには、センスと持って生まれた才能が必要だと言われる事がよくある。

これは、いくら長年セールスを続けて経験を積んだとしても、売れない人は何をやっても売れなくて、売れる人は誰に教えられた訳でもないのに、ほっといても売れるものだという考えから来ている。確かに、人それぞれ向き不向きがあるし、成長の違いや要領の良さなどにも個人差があるのは、僕も認める。

だけど、逆に考えるとセンスや才能だけで続けられる生半可な世界でないのも確かである。

どんなに才能溢れ、飛び抜けた抜群のセンスを持っていたとしても、それだけではセールスの仕事はつとまらないのだ。

なぜなら、相手は個性豊かな人間である。お客様もいろいろだから、当然〝売れるセールス〟のタイプやスタイルもいろいろだ。

あなたも、自分にあった〝売れるセールス〟を目指せばいいのだ。

僕は、セールスの仕事を通して、たくさんのことを学んだ。礼儀から始まり、思いやりや気遣いの大切さなどのいろんな事を学んだ。

〝今度こそ、本当にどうにもならない〟と感じた事は、一度や二度どころではなかった。何度も弱音を吐き、そのたびに、〝なにクソ！絶対に負けるもんか〟と、思い続けて今までやって来た気がする。

失敗する度に、〝二度とこんな失敗するもんか〟と、自分に言い聞かせた。そして、失敗しない為に、いっぱい反省もした。

今思えば、失敗から学んだ事は、とてもたくさんあったように思う。

僕は、今までたくさんの人に何かを売ってきたけど、その反対に、もっとたくさんの人に断られてきた。その断られ方にもいろんなケースがある訳で、なぜ断られたのかが分からない場合や、〝あんな風にしていたら良かったかな？こんな風にしていたら、どうなっていただろうか？〟と、自分の取った判断や行動に対して、ハッキリと正しかったと、自信を持って言えないケースもたくさんある。

精一杯知恵をしぼり、手を尽くして相手の事を考え、〝これだけやったんだから、そりゃ仕方ないよな〟と、いうような満足いく断られ方もあり、どちらも断られた事には変わりはないのだけれど、後になって引きずるものの大きさは、比べものにならないのである。

セールスマンが、どんなに優れていたとしても、一〇〇％の確率で売れる事はありえない。

扱っている商品やサービスによって違いはあるだろうけど、半分以上の割合で断られることのほうが多いのだ。

セールスの仕事は、数字が全てだと言われている。たとえ、どんなに相手に気に入って貰ったとしても、売れなくては仕方がないのだ。

逆に、まったく何の努力もなしに、偶然に売れたとしても、そこで評価の基準になるものは他にはなく、すべてが、結果オーライなのである。

だけど、僕は、〝数打ちゃ当たる〟のセールスにはなりたくない。当然、いつまでも失敗や終わったことを引きずっていても仕方ないが、二度と同じ失敗をしないように自分自身に言い聞かせ、次に続く良い経験にするべきだと思っている。

失敗から学ぶという考え方は、自分に厳しくあり、物事を簡単に決めつけず、いろんな可能性を検証して、次に続く糧にする事だと思うのだ。

もちろん、成功から得る事も大切だけど、失敗から学ぶ事は、本当の意味での力になるのではないだろうか。

それに、若いうちはとくに上手くいくケースよりも、思い通りにならなくて上手くいかないケースのほうが、多いわけだから、謙虚な気持ちで常に教わるという姿勢でいることは、とても大事なのではないだろうか。

10　日々成長

〝分からない〟ということは恥ずかしい事ではない。ただ、何が分からないのかが、分からないのでは、どうにもならない。

いきなり、はじめから答えにたどり着けなくても、何も焦る必要はないのだ。そんな時は、まず始めに、何が分からないのかをじっくり、ゆっくり考えてみるとよいだろう。

もしも、あなたが〝どうしたら良いのか〟を悩んでいるとしたら、僕はその悩みについて、アドバイスする事が出来るだろう。

だけど、あなたが〝どうしたいのか〟は、他人から教わるものではなく、あなた自身が決める事である。

ひとつの壁をクリアするたびに、人は成長していくものだ。しかも、その人によって、壁の高さはそれぞれ違っていて、それは経験や能力に比例して、高かったり、低かったりするのである。

そして、目の前に現れた壁を避けていては、その先を見ることは出来ないし、行き先や目標を見失ってしまうかもしれない。

だから、こうだと決めたら決意を持って、どんな誘惑にも負けず進み続ける事が、結果としては、いくつもの壁を乗り越えて成長することになるのだ。

〝何かをやると決めたなら、強い決意を持とう。〟〝何かをやり通すと決めたなら、熱い熱意を持とう。〟ゆるぎない決意と、冷めない熱意さえあれば、たとえ、どんなに高い壁が目の前に現れたとしても、必ずその先に進むことが出来るはずである。

〝意識する。気を付ける。〟を、心掛けることも、人を成長させる上でとても大切なことであるといえる。

人は誰でも、自分の欠点には、なかなか気が付かないものである。

若いうちなら、誰かに叱られる事によって、気付く事が出来る。そして、意識してその欠点を直していけばいいのだ。

その時には、〝どこがいけなかったのか?なぜ叱られたのか?〟すら、わからないかもしれない。もしかしたら、〝なぜ叱られたのか?〟を考えるよりも先に、叱られた事に対して腹を立てる事があるかもしれない。

だけど、〝叱られてありがとう〟だ。〝怒ってくれてありがとうございます。〟なのである。

僕も今までに、たくさんの失敗を繰り返してきた。それに、たくさんの人から怒られたり叱られたりもした。

現在でこそ、誰かに叱られるようなことは減ったけど、昔よりもいっそう失敗しないように気を付けている。

若い頃の失敗は、笑ってごまかす事もできたし、誠意をもって謝れば、大抵の事は許して貰えた。そのうえ、次に期待する温かい言葉なんかも掛けてくれることも少なくなかった。

しかし、年をとってからの失敗はそうはいかないのだ。ひとつの失敗で、信用がなくなってしまう危険性があるからだ。自分を信頼してくれていた分、相手に与えるショックが大きいようで、二度と重要な仕事を任せてくれないようになるかもしれない。

だから、若いうちには、嫌というほど叱られればいいのだ。分からなければ、遠慮せずに聞くべきである。謙虚な気持ちで、相手がお客様であろうと、得意先の社長であろうと、分からなければ聞けばいいのだ。

もし、それで怒られたとしても、〝怒ってくれてありがとう〟である。失敗することを恐れずに、目標を見失うことなく進み続けていれば、必ずそこには良い結果が待っているはずである。

第二章のまとめ

〝どんな練習をすれば売れるセールスになれるか〟〝〜のコツ〟〝〜の考え方〟をこの章では話したけど、僕は今もこれらの練習を続けている。

おそらく、セールスを続ける限り、鏡のまえではニコニコするし、謙虚な気持ちも決して忘れないだろう。

僕は、いろんな人から、「どうしたら、売れるセールスになれるのですか？」と、よく聞かれる。そんな時にもやっぱりこう答えている。

「日々努力です。」と。

僕は、たくさんのセールスマンに今まで出会ってきた。

トップセールスと呼ばれる人達とも〝売り方〟について論議を交わした事もある。

反対に、まだ右も左もわからないような若手の新人セールスマン達とも本音で話した事もある。いろんな業種の大勢のセールス達と話して来た。

〝結果、努力している人は売れている〟

〝プロ意識をしっかりと持ち、目標を内に秘め、確固たる決意を胸に、熱意を持って話す〟こんな人は、雑談をしていても楽しいし、なにか体から溢れるオーラのような物さえ感じる事もある。これが努力に裏打ちされた自信ではないのだろかと、僕は思うのだ。

自信を持って行動している人は、それだけで安心出来るし信頼も出来る。なかには例外もあるだろうけど、信頼や信用は、昨日今日では生まれないものだ。

僕は、センスや才能だけでもある程度までなら登れるかもしれないけど、そこから先には努力をしなければ絶対に、進めないと思っている。

まず、最初に目標を決める。そして、成りたい自分が決まったなら、あとはそれに近づく為に何が必要かを考えて、それに向かってスタートを切るだけである。

簡単に壁を乗り越えられる場合もあれば、一歩も前に進めない場合もあるだろう。

でも何かの為という大きな目標があれば、いつかきっと、目標は達成出来る筈である。

僕がそうだったから、絶対に諦めないでほしい。

第三章　売れるセールスマンが良いセールスマン？

1　セールスマンの本音

売りたいと願うには、何か理由があるはずだ。その理由には、たくさん売って良い成績をあげて上司を見返してやりたいとか、歩合給や報奨金といった成果報酬がたくさん欲しいとか、いろんな理由があげられるけど、その評価の対象になるのは、結果のみであり、数字だけなのだ。

僕は、一概に〝売れるセールスマン〟がみんな良いセールスマンだとは思わない。

しかし、セールスにとって常について回るのが、ノルマや目標である。だから、お客様に喜んでもらうのが一番大切であると、どれだけ口で言っていても、実際のところは、会社の売り上げが一番重要になってしまうのだ。

セールスマンの本当に望む仕事内容は、お客様に喜んで貰える仕事であったり、満足して貰えるサービス提供だったりするのだけれど、会社の中では、ノルマや、目標を達成していなければ、良い評価は与えて貰えないのだ。

つまり、結果や数字が全てであり、ここのところに非常に大きな矛盾が生じるのである。

しかし、これは、経営者の側から見れば当然の事であり、セールスマンに対して、目標数字を意識して、販売する事を望んでいるのである。

会社にとって良いセールスマンとは、売って欲しい時に必ず数字を出し、毎月コンスタントに成績を上げるセールスマンが、良いセールスマンなのである。

しかし、お客様にとっての良いセールスマンとは、これとは、全く異なるわけである。

お客様にとっては、会社の売り上げや会社の決算期といった問題等は、何の関係もないのだから当然といえば当然なのだ。

お客様から見た場合は、自分の事を特別に考えてくれ、大事に扱ってくれるセールスマンが、良いセールスマンということになるのだろう。

お客様によってセールスマンに求めるものは違っても、自分を大勢の中の一人として見られるよりは、特別であり重要であるという対応をして貰う事を、誰もが望んでいるのではないだろうか。

ここで、お客様が望む良いセールスマンと、経営者が望む、あるべきセールスマンのイメージとの間に、かなり大きな差が生じるわけである。

セールスマンには、商品やサービスをたくさん売るという役目がある。その反面、安定した高水準のサービスによる満足を提供し続けなければならないのだ。

しかし、実際は、セールスマンは、たくさん販売する為に数字を追いかけるようになる。すると、売れば売るほど忙しくなるわけだから、サービスの提供が行き届かなくなり、お客様の満足度が下がってしまうのである。

さて、そう考えると、何か不思議な感じがする。それなら、売れないセールスマンが良いセールスマンなのだろうか。

いやそれは無いだろう。

なぜなら、そんな売れないセールスマンは、会社での立場も低いだろうから、結局のところお客様にメリットのある提案等も出来ないし、お客様にも満足してもらえないだろう。

だからといって、売れすぎてしまっても、忙しくてサービスが悪くなり、お客様の満足度の低下につながる訳だから、いつまでたっても答えが出ないのである。

この矛盾した二つの考え方の狭間で、セールスマンはなにも考えずに、ただ数字を追いかけている訳ではない。時には、立場が代わり自分がお客様の立場になる事だってある訳だから、この矛盾した考えかたの中で、いつも物言えぬ不安とストレスを感じ続けているのである。

だけど、この問題は、セールスマンが自分自身で納得し、理解出来るまで簡単ではないのである。

僕の場合も、それは、簡単ではなかった。僕も、この矛盾に対して非常に深く考え悩んだ経験があるけど、結局答えは出なかった。

だから、今では、お客様の立場に立って、自分が出来る精一杯の事をするしかないと考える様になった。この考えは、決して〝諦め〟から来ているのではなく、僕自身本気でそう思えるようになったからなのである。

僕は、セールスマンである限り、いつも〝売りたい〟と願っている。

若い頃は、たくさん給料が欲しいとか、会社からよい待遇を受けたいなどの個人的な理由だったけど、今ではそれにプラスして、会社の経営や、社員みんなの生活なんかも考えるようになってきた。

だから、〝売りたい〟という気持ちは昔以上に大きくなっている。

でも、売る為に絶対忘れてはいけない事は、お客様の立場で考えるという事と、相手に配慮し、思いやる気持ちである。だから僕は、焦らずに自分に出来る精一杯の事をやり続けるだけである。

2　セールスの立場

セールスの仕事の難しいところは、会社の中での立場と、社外でお客様と接する時の立場の二つの異なる立場において、周りを見る必要があるというところだ。

これに加えて、自分自身の家庭での立場もあるのだから、気の休まる暇がない。なにも家庭が気の休まる場所ではないと言っているのではなく、家庭内でもいろんな問題があるわけだから、それはそれで、ある意味大変だろうということである。

僕は、仕事を自分の意識の中で二番目に大事であると位置付けている。一番目は自分自身の生活や家庭、家族である。

休みも取らず、朝早くから、夜遅くまで、働いている人もいる。みんなが休みの時にでも、お客様の都合で出勤して、休日返上で働いている人もたくさんいる。

僕もちょっと前までは、そのうちの一人だった。

その頃の僕の生活は、お客様と会社が中心に回っていたし、それが至極当たり前の事だと思っていた。

「他人より良い成績を上げるためには、みんなの何倍も働かなければならない。」という、他人より少し強い〝負けん気〟と、「休んでいるうちに、誰かに先を越されるかもしれない。」といった、ある種〝脅迫観念〟のような物があったような気がする。

仕事の忙しさ等が原因で、家庭が上手くいかなくなったと言う話もたくさん聞いていたし、実際に、知り合いのなかにも仕事が原因で、離婚したり別居したりしているセールスマンも少なくなかった。

だから、僕は、仕事ばかりで家庭を顧みないような仕事中毒のセールスマンに、自分は絶対にならないつもりでいたし、そうなってはいけないと分かっていた。

僕が、奈良スバルに勤めていた頃、会社の決まった休みは、第一・第二の月曜日だけで、月に二回しか定休日がなかった。あとは、自分の仕事を調整して、自由に休みを取りなさい、というものだったけど、実際は仕事が忙しすぎてほとんど休めなかった。

それに、周りみんなが、休みづらそうな雰囲気をかもし出していて、なんだか我慢比べをしているような感じだった。もちろん、普段仕事が終わって家に帰る時間も、例に漏れず夜の一〇時一一時は当たり前で、時には日付が変わることさえあったのだ。ここまでくれば、もう十分仕事中毒のセールスマンである。

ある日、僕の身に、このことについて深く考えさせられる出来事が起こった。父親が死んだのだ。さすがに、この時だけは堂々と会社を数日間続けて休んだ。でも、お客様との調整などは、葬儀の合間に自分自身で電話連絡をして、事情を説明したことを覚えている。感情を押し殺し、冷静で事務的に、父親が亡くなったことを伝え、予定を変更したり、自分の替わりに他の者を手配したりして、お客様に支障をきたさないように配慮した。

正直、こんな時でも、仕事やお客様に振り回されている自分に気づいた時、ふっと疑問に思った事がある。それは、「果たしてこんな事をずっと続けていて、この先いったい何があるのだろうか?本当にこれが僕のやりたい仕事なのだろうか?」と、誰もが一度は思ったことのある素朴な疑問である。

それまで、仕事が忙しくて家庭を顧みないことは、当たり前だと思っていたし、家族もこれに対して納得もしてくれていた。しかし、それはあくまでも、我慢させていたことには違いない。何故なら、僕自身それに我慢していたことに気付いたからだ。

セールスマンの立場には、異なる三つの立場がある。それは、社内での立場と社外での立場、それに家庭での立場である。

セールスマンは、たくさんの商品やサービスを売れば、会社での立場はよくなり、お客様に与えるメリットも多くなる。でも、あまり売れすぎると、お客様に対して納得のいくサービスができなくなる。つまり、会社にとっては良い事でも、お客様からすれば不満が残るわけである。そして、両方にとってのメリットを考えると、自分自身や自分の家庭を犠牲にする事になるわけだ。

セールスマンが、こんな気持ちではお客様の立場で考える事は出来ないし、相手を思いやる事など到底出来る筈がないのだ。

この事に気付いてから、僕は、仕事やお客様に振り回されるのは止めようと決めた。だから、今では、自分の意識の中で一番目が家庭であり、二番目に仕事が大事だと位置付けて考えている。

当然、売れないよりも売れるほうが、会社やお客様にメリットを与える事ができるから良いのだけど、自分を犠牲にして、しゃにむに働いたとしても、自ら進んでやるわけじゃなく、嫌々いい加減な気持ちでやる事になるから、良い仕事など出来るはずもない。だから、結局は誰にとっても良い結果にはならないのだ。

今の僕は、相手の事を思いやりながら話を進め、無理だと思う事や嫌だと思うような仕事は受けないようにしている。なにもかも仕事を選ぶと言っているのではなくて、自分が相手に〝やらされている〟と考えるのではなく、〝力になってあげている〟と考えるようにしているのだ。

こんな風に考えると、たとえ少々無理をしてでも、気持ちよく自ら進んで〝やってやろう！〟となるものである。

本気で相手を思いやり、自ら進んでやった仕事は、嫌々させられた仕事に比べて同じ結果な訳がない。必ずお客様に喜んでもらえる筈である。

会社側からしても、嫌々いい加減な仕事をされ、不満を持って仕事を続けられるよりは、楽しく働いてくれるほうが嬉しいだろう。それに、セールスマン自身にとっても、家庭円満であり、身体が健康でストレスが減る事は何よりも良い事だろう。

精一杯、がむしゃらに努力する事もときには必要であるし、一度は嫌だというくらい働いたり、目一杯悩んだりしたって良いと思う。ただ、それをいつまでもずっと続けていると身体がもたない。

だから、いつでもやれば出来るという自信を常に心に持っておくことが大事なんじゃないだろうか。それがおそらく、売れる良いセールスマンなのだろうと僕は思う。

「社内」「社外」「家庭」での立場。
周りに振り回されず、みんなの力になってあげよう！
こういう気持ちがもてるようになると、
セールスマンとしての、力がついているんだと思う。

3　理想的なセールスとは？

「笑顔が爽やかで、清潔感があって、物腰が柔らかな、感じのいい人。」

こんなフレーズが、理想のセールス像に当てはまるのではないだろうか。

さらに、「人当たりが良くて、誰とでも協調性があり、話していて楽しい人。」なども、理想のセールスイメージを文章で表すと、こんなイメージなんじゃないだろうか。

それとも、「自信に満ち溢れていて、説得力があり、頼りがいのある人。」や、「商品知識が豊富で、臨機応変な対応ができる人。」などのほうが、あなたが思う理想的なセールスのイメージに近いのだろうか。

これら〝理想のセールス像〟のイメージは、人によって違うだろうけど、これはどちらかというと根拠がなくて、あくまでも想像なのだ。その証拠に、僕の回りには、さっき話した特徴にピッタリすべて当てはまるセールスは、僕を含めて一人もいない。

但し、売れているセールスは、〝理想のセールス像〟のいくつかの特徴のうち、何かしらの要素は持っているものだ。

何故なら、売れるセールスは、自分がお客様に与える印象を非常に大切に考えているからである。

つまり、お客様から自分を見た場合を常に意識していて、より良い印象を与える為に、自分に見合った〝理想のセールス像〟を自分自身の頭の中で、しっかり確立しているのである。

そして、そのイメージをいつも頭の中に置きながら、他人と接しているのだ。簡単に言うと、頭の中の〝理想のセールス像〟を演じながら、お客様と応対しているわけである。

この事は、特にセールスに限った事ではなく、イメージを大切にする職業に就いている人なら誰にでも言えることだろう。**〝他人から見た自分〟の理想的なイメージを演じる事が出来てこそプロと言えるのではないだろうか。**

もしも、あなたが、まだ自分の〝理想のセールス像〟を見つけていないなら、頭の中にあなたが考える理想的なセールスのイメージを思い浮かべて欲しい。

これは何も難しい事ではなく、あなたなら〝どんなセールスから物を買いたいか？〟

〝どんなセールスからは絶対に買いたくないか？〟を考えれば次第と〝理想のセールス像〟が見えてくる筈である。それから、次にそれを意識して、演じればいいだけなのだ。

しかし、口で言うのは簡単だけど、この〝演じる〟ことが、かなり難しいのだ。

一時的にその場だけ演じるのなら、それほど難しくないのだろうけど、セールスの場合は一歩会社から出れば、何時何処で誰に見られているかわからない訳だから、常に意識し続けなければならない。

だから、僕は、なにも完璧に〝理想のセールス像〟を演じきる必要はないと思っている。反対に完璧に演じるより、ちょっと抜けていたほうが、もしかしたら、人間味があって好感を持って貰えるかもしれない。

僕の場合も、自分がお客様の立場から見た場合に、〝こんな人から買いたいなぁ。〟と思うような、セールスマンのイメージを強く頭の中に思い描いている。

例えば、見た目にしても汚らしいよりは、清潔なほうが良いだろうし、応対の仕方も、傲慢な応対よりは、丁寧な応対のほうが良いのは決まっている。

それに、話し方も淡々と事務的に話されるよりは、冗談交じりで楽しそうに話されるほうが僕は、どちらかといえば好きである。

これが、僕の頭の中にいる〝理想のセールス像〟である。〝他人から見た自分〟を意識し、〝理想のセールス像〟を頭の中にしっかりと確立させる事は、セールスにとって、とても大切な事なのではないかと考えている。

“他人から見た自分”の理想のイメージを
演じることが出来てこそ、
プロと言えるのではないだろうか。
理想のセールスマン像を頭に描きながら頑張ろう。

4　セールスの身だしなみ

ちょっと前までの、お手本セールスマンの身だしなみは、絵に書いたような真面目キャラだった。

例えば、服装なんかでも、身体にピッタリの紺色系の背広姿に白いカッターシャツ、それにネクタイを首元で大きく団子に締めているといった具合である。今の若いセールスマンの様に、デザインスーツを着こなし、カラフルなカッターシャツにノーネクタイなどといった、軽い感じの服装は考えられなかった。

僕がセールスを始めた頃も、業種や職種によって多少の文化の違いはあったけど、世間一般的には、まだ〝セールスマンは真面目で誠実な人〟のイメージがとても強かったのだ。

だから、セールスマンになって最初に買ったスーツは、お店の人に勧められるがままに買わされた、ズボンの丈が少し短めのリクルートスーツに近い紺色のスーツだった。あれは、まるでいけてなくて、その格好を友達に見られるのがとても恥ずかしくて嫌だったことを憶えている。

次にスーツを購入する機会が来たのは、知人の結婚式の時だった。僕は、仕事でも使えるようにと考えて、派手過ぎないけど、ちょっとお洒落なデザインのスーツを購入した。そして、そのスーツで展示会の日に会社に出勤し、ショールームで営業をしてみたのだ。

すると、会社の上司や先輩からは、凄く冷たい眼で見られたけど、同僚や事務の女の子からの評判は悪くなかった。

なによりも一番違ったのは、僕自身なんだかとても誇らしげであった事だ。

それが一体何だったのかは、いまだにハッキリとは分からないけど、自分が気に入っていない、丈の短い紺色のスーツを着ている時よりは、遥かに自分らしかった事だけは間違いない。

その時の展示会では、良い成績を残す事ができた。お客様と話している時も、なんだか自分に自信を持って話せていたような気がする。だから、ゆっくりと相手の話を聞く事が出来たし、余裕を持って商談を進める事が出来たのだろう。

僕は、セールスが身だしなみに気を遣う事は、セールスである限り、最低限守るべきルールのひとつだと思っている。

なぜなら、他人に与える印象のほとんどが、「話の中身」以外で決まってしまうというからだ。

いくら相手に与える印象を良くしようと、一生懸命に言葉を選んだとしても、その努力の成果はほとんど期待出来ないのだ。**ほとんどが話す前の、「話の中身」以外の話し方や雰囲気、そして外見のイメージで決まってしまうのである。**

さらに、第一印象では最初の数秒で決まってしまうらしい。しかも、その後もずっとその時に感じた印象はとても変わりにくいというのだ。

つまり、人が与える印象は、話す内容よりも外見に占める割合のほうが、かなり大きいという事である。これは、人間がそれだけ視覚に頼って生活をしている事を意味するのだろう。だから、外見で相手に良い印象を与える事ができれば、セールスにとって、とても有利だという事である。

だけど、自分が気に入らない格好で無理やり営業をさせられても、良い結果にはならないだろう。

だから僕は、自分自身のモチベーションの向上や、お客様からセールスを見た印象を第一に考えた身だしなみこそが、セールスの目指すべきところではないだろうかと考えている。

あの展示会以来、僕は自分の気に入った服装で営業している。だけど、派手過ぎず、目立ち過ぎずに、お客様に好印象を与える事を常に第一に考えている。

5　セールスの挨拶とマナー

明るく元気な挨拶で始まる一日は、たいへん気持ちいい。それを聞くと、「さぁ、今日も一日頑張ろう！」となるものだ。

逆に、周りを暗くさせてしまうような挨拶は、気持ちの良いものではないし、下手するとやる気まで削がれてしまう事もある。

これと同じように、セールスがお客様に対して行う初対面の挨拶も、その後の商談や会話の流れに大きく関係してくるのである。〝親しき仲にも礼儀あり〟とも言うように、〝挨拶〟ひとつでその人との係わり合い自体が大きく変わってしまう事もあるのだ。言葉使いや態度、マナーにしてもこれと同じ事が言えるだろう。

誰でも一度は、相手の態度や言葉遣いにより、不愉快な気持ちにさせられた経験を持っているのではないだろうか。セールスとお客様との商談風景を見ていても、セールスの態度や言葉遣いによって、お客様の機嫌を損ねるといった場面を、しばしば見かける事がある。

特に、若手セールスの言葉使いを聞いていると、当の本人にとっては、無意識だろうけど、まるで友人と喋っているかのような場違いな気安さや、失礼な言動を発するのを見かけて、ヒヤッとさせられる事がある。

それに、丁寧語や敬語の使い方にしても、危なっかしくて聞いていられない時さえある。おそらく、言葉数も少なく表現力が乏しい為にこの様な事が起こるのだろう。

さすがにベテランのセールスともなると、挨拶やマナーでお客様に悪い気をさせることはないだろう。だけど、怠慢な態度や横柄で生意気な対応で、相手に悪印象を与えてしまっている、年配のセールスも少なくないのが現状である。

セールスの挨拶やマナーは、教えられたからといって、すぐに身に付くものではないし、その場だけ気を付けていれば良いといった類の物でもない。

これらは、やはり日々の習慣なのだ。身に付ける為には、常日頃から意識して、心掛けている事が大切なのだ。

〝お客様に元気に明るく挨拶し、相手に喜んで貰うために、言葉遣いやマナーをきっちり守る〟これらの事を習慣にして、自分なら何をされたら嬉しく感じて、何をされたら不愉快に感じるのかを基準に考えなければならないのだ。

だから、僕は何が正しいセールスのマナーで、どれが間違っているのかについて、とくに取り正すつもりはない。

つまり、簡単に言えば、〝自分がされて不愉快な事を、相手に対して絶対にしない。〟僕は、これがセールスの正しいマナーなのではないかと考えている。

6　過半数意見と少数意見

セールスをしていて、大勢の人と話をしていると、いつも考えさせられる事がある。それは、本当に人はみんな考え方が違い、感じ方や受けとり方も様々だという事である。

それに、たとえ同じ人物であっても、その時の体調や気分によって、考え方や受け取り方に微妙な差が生じるという事である。これも、説明しにくいけれど良くあることだ。

セールスマンは、常に〝お客様の立場で物事を考える〟という事を心掛けていなければならない。だけど、人は、それぞれ考え方が違う訳だから、ここのところがなかなか定まらないのだ。

僕の場合は、いつも〝自分なら〟を基準にしている。ただ、ここで重要なポイントは、自分自身を深く理解して、知っていなければ、うまくいかないという事である。

〝お客様の立場で物事を考える〟という事は、もしも、自分とお客様の立場が入れ替わったと仮定した場合、自分ならその状況で、どんな判断をして、どの様な行動を起こすのかを想像する事である。

こんな風に考えると、セールスマンの考えや想像が、お客様に対するアドバイスであったり、提案であったりする訳だから、あやふやな発言は、かえってお客様を迷わせる事になる危険性があるというのだ。

だから、分からない事や不確かな事は、知ったかぶりをしないで、ハッキリと〝分からない〟と答えるべきである。そのあと、詳しく調査等をしたうえで、その答えを返してあげたほうが親切であり、お客様も安心する筈である。

また、今までの経験談や、一般的な意見等を教えてあげる事も、お客様に喜んで貰えるのではないだろうか。

なぜなら、大衆心理として、みんながどんな風に考えているのかという事が、ひとつの安心の基準になるからである。だから、過半数意見と少数意見をお客様に分かり易いように比較して説明してあげると、お客様にとって非常に参考になる訳である。

それから、もうひとつ注意しなければならないことは、〝シュミ〟や〝好み〟の問題である。

これも、また人それぞれで、一概にどれが良くてどれが悪いなんて言えるものではないだろう。

だから、セールスマンが、〝自分なら〟を基準にした場合、これらの問題には対処のしようがないのである。いくらセールスマンが相手の立場で考え、良かれと思いアドバイスしたとしても、それが〝シュミ〟や〝好み〟レベルの問題ならどうしようもないのだ。

こんな場合はお客様に思いつかせるのが一番良いのである。

大事なのは、あなたがどう感じたり、考えたりするかという事なのではなくて、あくまでもお客様自身がどうしたいのかが重要なのである。あなたの好みを押し付けるのではなく、お客様の〝シュミ〟や〝好み〟を上手に見つけ出し、上手く気付かせ思いつかせる事ができれば、それが一番良い方法なのではないだろうか。

7　油断は禁物、念には念を

セールスの仕事も他の職業と同じで、長く続けていると段々と慣れてくるものである。

最初の頃は、お客様と言葉を交わすだけで、緊張で顔を真っ赤にさせていた新人セールスマンでも、ものの三ヶ月もすれば、一人前とまでは行かないけど、お客様と、そこそこに楽しい会話も出来るようになるものなのだ。

僕は、そんな新人セールスマン達をたくさん見てきた。

でも、少しでも油断をすると、ちょっとしたミスから、大きなクレームやトラブルに発展してしまうことがあるので、十分に気をつけていなければならない。

だから、セールスマンは、お客様が、感情を持った人間であるという事を、絶対に忘れないで、いつも丁寧に対応する必要があるのだ。

一生懸命営業しても、なぜか上手くいかなくて、歯車が噛み合わず空回りする事はよくある事だ。

だけど、その反対に、諦めかけていたのに突然成約になったり、雑談だけでモノが売れたり、あまり苦労せずに商品を買って貰えるケースなんかも時々ある。

こんな場合には、特に気をつける必要があるのだ。なぜなら、お客様が、どうしてその商品を買う気になったのかが分からないからだ。

つまり、お客様がどうしてその商品を気に入ったのか、どこに魅力を感じたのかが分からない訳だから、いつ何時気が変わるか、どんな事で心変わりするのかが、分からないのである。

だから、いつも全ての事に気を回していなければならなくて、絶対に〝油断は禁物〟なのである。

よく売るセールスマンが、自慢げに、「セールスは、商品を売るのではなくて自分を売るのだ。」と、後輩セールスに語っているのを聞いた事がある。それは、確かにその通りなのだが、最初からすべてそれだけではいけない。何事にも、ものには順序があるのだ。

自分を売ることも確かに大事な事であると思うし、僕も賛成なんだけど、何かを売る仕事をしている以上、断られる場合も必ずあるのだ。

つまり、それが商品であってもかなりへこむのに、売ったものが自分自身だとしたなら、それを断られたり、万一キャンセルなんかされたりすると尚更立ち直りがきかないだろう。

だから、まずはきっちり商品を気に入って貰うことが大切であり、その次に自分自身を売り込むのである。もちろん慣れてきたら、時と場合によっては、自分自身を売り込んで気に入って貰ったあと、きっちり商品を売り込んだって良い訳だ。

とにかく、商品を気に入って貰って、納得して貰っていれば、後になって「やっぱり止めとくわぁ。」とはならないのである。〝念には念を〟が、重要なのだ。

8　自分に出来る事をやる

セールスマンが、お客様と交わす会話の内容はいろいろだ。雑談ひとつを取ってみても、天気や気温の話に始まり、スポーツや芸能、政治、経済の時事ネタ等、お客様に応じて話す内容は様々である。

だから、セールスマンはいつも、新聞やテレビ、雑誌、インターネット等から情報を仕入れる必要があり、話のネタを繰っておくことも大切なのだ。

良いセールスマンかどうかというところも、案外この雑談の内容によるところが大きかったりするのではないだろうか。話運びが上手いとか、下手だとかという問題の前に、どれだけ世間の情報に目を向けているかということは、お客様により良い商品やサービスを提供する上で、とても重要な事である。

話題にしても時事ネタだけでなくて、映画や本のネタでも良いし、趣味や遊びの話題なんかでも、もちろん良いのだ。そして、お客様によって話し分けする事ができるようになれば、営業の強力な武器になるだろう。

セールスマンは、お客様とのコミュニケーションのなかで、相手の希望や要望を聞きだし、本音を聞き出す必要がある。しかし、実際のところ、そこに行き着くまでには、とても気の遠くなるような道のりがあるのだ。

まず最初に雑談からスタートして、お客様の気持ちをほぐす事から始める。

次にお客様の期待するところを探りながら、質問を投げかけるのだ。当然、相手に興味を持たせなければならないのだから、商品説明や、サービス内容の解説も丁寧に納得してもらうまで行う必要がある。ここで、余裕があるのなら、自分自身を売り込むことが出来たら尚更良いだろう。

たとえ、あなたが、そこまで出来なかったとしても、お客様の立場で物事を考えるようにさえしていれば、その気持ちは間違いなく相手の心に届くはずである。

自分がお客様の味方で、お客様の為を精一杯考えている事をゆっくり分かって貰えるまで話すようにすれば良いのだ。

それが、お客様との信頼関係を築く一番の近道である。厳しい事を言えるのも、本気でお客様の為を考えているからと言う事を分かって貰うようにすれば良い。

アドバイスというと、簡単に聞こえるかもしれないけど、相談という堅苦しい物でもなく、「自分ならたぶんこうするだろう。なぜなら、あなたに対してこんなメリットがあるからだ。

しかも、それにより不利益が最小限で済むし、あなたの希望を一番取り入れている。」等といった本音の意見を伝えるように心がけていればいいのだ。

もしも、どれだけ考えても分からない時は、お客様に聞けば良いし、討論しても良いと思う。

そして、本気の話し相手になれればいいのだ。それから、お客様の意見をあらためて聞いてみると、正直な感想が出てくるものである。

この時、言いにくい事でも、正直に精一杯伝える努力をしなければならない。もしも、下手にオブラートに包んで、遠回しな言い方をしてしまうと、誤解をまねく怖れがあるので気を付ける必要がある。

それに、お客様の為と言いながら、何かを売り込んだとしても、それはすごくウスペラなものになってしまう危険も有るのだ。

お客様と商談を進めるうえで、いろんなテクニックや、経験が役に立つ事は少なくない。

瞬時の判断力や洞察力等、セールスマンに必要とされる能力も数え上げればキリがないけど、そんなのはいずれ自然に身に付くものである。

僕は、そんなことより今の自分に出来る、精一杯の事を相手の為にしてあげればいいのだと思う。そうしていれば、いつか必ず結果はついてくるものだと思う。

もしも、あなたの前に乗り越えられそうに無い壁が現れたときにはこう考えて欲しい。

「相手が自分の事をどう見ているかなんて関係ない。自分のベストイメージを頭に置いて、ただ精一杯自分に出来る事をやるだけである。」と。

9　人はどんな時に、どんな人から買いたいと思うのだろうか?

あなたが、洋服を選ぶ時や時計や鞄を購入する時、どんなことを意識してその商品を購入するかしないかを決めているだろうか?

もちろん商品の性能や、メーカーやブランドの好み等もあるだろうし、価格的な問題も大きいだろう。

だけど、お店の雰囲気や、接客してくれる店員やセールスの態度などの商品の本質と違うところで、購入するかしないかの判断を下すケースも少なくないのではないだろうか。

それに、一度は欲しいと思い買っては見たものの、ほとんど使わず仕舞い込んでいる物や、買って家に持ち帰った後、なぜ買ってしまったのかを後悔した経験があなたには無いだろうか。これらは一体どうしてなのだろうか?

これらの疑問のハッキリとした答えは分からないけれど、たぶんその答えがセールスの本質であったり、醍醐味であったりするのではないだろうか。

人が何かを購入する時には、二つの理由を想定することが出来る。

それは、〝必要だから〟という理由と、〝欲しいから〟という理由である。

これらの理由で物を買う時は、セールスの力は必要ない。なぜなら、お客様が勝手に決断するわけだから、セールスの後押しは必要ない訳である。

この反対の場合、つまり〝必要としていない人に物を売る。〟〝欲しいと思っていない人に、欲しがらせる。〟事が出来る様になってはじめて、セールスとして一人前なのではないだろうか。

お客様が、セールスマンの力を本当に必要としている時は、どれにしようか迷った時や、買うか買わないかで悩んでいる時なのだ。こんな時、自分の事ながら、人はなかなか自信を持って決断出来ないものなのだ。

だから、その商品やサービスに詳しい人からアドバイスや提案をして貰う事が出来たらとても心強く感じる訳である。

もしも、あなたが何か商品を買うかどうかで迷ったり、悩んだりしているときに、その商品やサービスを使う事によるメリットを自分にしっかり伝えてくれて、「よし、買おう！」と決断させてくれる人が現れたとしたら、次に同じようなケースで悩んだ時には、その人の顔が真っ先に頭に浮かんでくるのではないだろうか。

その商品やサービスについて、
詳しいアドバイスや提案ができるセールスマンは、
お客様にとって、頼りになり、心強い存在だ。

第三章のまとめ

この章では、〝どんなセールスマンが良いセールスマンなのか？〟というところに焦点を絞ってみたけれど、この答えはセールス各自の持って生まれた性格やタイプによっても違うだろうし、お客様のタイプによっても色々である。

だから一概に、「こんなセールスマンが良いセールスマンです。」と言ったように、ハッキリとした答えを僕には出せない。

だけど、あなたの目の前のお客様が、あなたにどんなことを望んでいるのかをいち早く察知したり、聞き出したりする事は、あなたの努力次第で充分可能な筈である。

それに、あなたの上司や、会社側があなたに何を望み、期待しているのかは、誰にだって分かることなのだから、その事を意識してセールスを続けていれば、いつか、皆から「とても良いセールスだ。」と、言われる日が来るのは間違いないだろう。

僕は、「絶対に僕から買って損はさせない自信がある。なぜなら、誰よりもお客様にメリットを与えることが出来るから。」と、胸を張って言えるセールスを目指している。

第四章　気を使う人。頭を使う人。

1　プライドを捨てる事の意味

一般的にみて、セールスマンのイメージはあまり恰好の良いものではないだろう。おそらくお客様や得意先の担当者に、ヘラヘラしたり、ペコペコ頭を下げたりするイメージが強いのではないだろうか。

最近では少し減ってきたようだけど、テレビドラマに登場するセールスマンのタイプも、ビシッとアイロンの当たったYシャツに、お洒落なスーツを着こなした恰好良いイメージではなく、ちょっと小太りで汗っかきなイメージやノルマに追われ疲れきっているセールスマンが多く表現されていたりする。

同じ汗のイメージでも、スポーツマンが流す汗のイメージと、セールスマンのそれとには〝恰好の良さ〟という部分において、かなりの差が生じるのである。

僕の場合、あまり深く考えて、セールスという職業を選択した訳ではないけど、今ではこのセールスという職業に就いたことを誇りに思っている。

しかし、最初の頃は、お客様のわがままに付き合ったりしていると、たくさんな理不尽な事に遭遇して、情けなかったり、馬鹿らしかったり、やり切れない気持ちで僕の心の中はいつも溢れかえっていた。

やりたくない事や、嫌いな事でもやらされる事だってある訳だから当然楽しい筈はなく、毎日が嫌で嫌でしょうがなかった。

それでは、なぜそんな僕が、セールスという職業に誇りを持てる様になったかと言うと、〝何故、嫌でやりたくない〞のかを考えてみたのだ。

すると、答は簡単に出た。嫌でやりたくない理由は、〝恰好悪い〞からだった。

それでは〝何故、恰好悪い〞のかを考えてみると、他人から自分にとって嫌な事を〝やらされている〞からである事に気が付いた。

そこに自分のプライドがあることを、はじめて知ってビックリしたのだ。

何に一番驚いたかというと、僕自身のプライドの高さと、僕という人間のスケールの小ささに我ながら呆れ果ててしまったのだ。

この時、僕は、持っていた小さなプライドを捨てる覚悟をした。

それと同時に、セールスという仕事に誇りを賭けて、続けて行く事を心に決めたのだ。簡単でなかったけれど、とにかく、物の考え方から変えるように心がけた。

つまり、〝やらされている〟と考えるのではなくて、〝力になってあげている〟と考えるようにしたのだ。

お客様が、僕にわがままを言う事に関しても、〝何も僕に対して嫌がらせをしている訳ではない。ただ少しだけ、自分中心に考えてしまう性格なのだろう。〟と、考えるように変えたのだ。

セールスという仕事は、お客様に商品やサービスを売る事によって、お客様に満足や、メリットを与える事である。その対価としてお客様から代金を頂き、僕たちはそれを報酬として手にする訳だから、お客様のわがままを笑顔で聞くのは当たり前であり、僕達セールスはプロとしてこれを行っているのである。

確かにペコペコ謝ったり、ヘラヘラ愛想笑いを浮かべたり、楽しいことよりも辛いことのほうが多い職業かもしれない。でも、どんな仕事にもそういった面はあるだろう。

それに、辛いことが多いという事は、それをやり遂げた時の達成感は、口では言い表せないほど大きいものである。

もしもまだ、あなたが小さなプライドを捨て切れていないなら、一日も早くそれを捨てることを僕は勧める。

なぜなら、そのどうでもよい小さなプライドにしがみつき、嫌々仕事をしているより、大きな目標に向かい眼を輝かせて仕事をするほうが、ずっと恰好良い事に早く気付いて欲しいのだ。

セールスという職業には、大きな夢を抱くことが出来る。セールスという仕事を通じて、大勢の人に喜びを与えることが出来る。

だから、セールスという職業は、誇りを賭けるに値する職業なのだ。

2　言葉には力がある

あなたは、お客様と話す時、ちゃんと言葉を選んで話しているだろうか。声のトーンや、言葉のアクセントを意識して話すことの大切さを、少しでも考えた事があるだろうか。

僕は、言葉には不思議な力がある様に思えてならない。

例えば、挨拶の「おはようございます。」を、ひとつ取ってみても、文字にしてしまえば誰が書いても同じだけど、耳で聞くと、たったその一言から、「いつも元気だね。」とか、「ちょっとしんどそうだけど大丈夫か。」と、いった具合に、まったく相反する会話に繋がる場合もあるのだ。

これには、特に大したワザやテクニック等は必要ない。ただ、元気そうに挨拶するか、しんどそうに挨拶するかの違いだけなのだ。

つまり、元気に大きな声で、「おはようございます。」を言う場合と、暗い顔ですこし小さめの声で「おはようございます。」と、挨拶した場合とでは、相手に伝わるイメージが一八〇度違って伝わる訳である。

あなたが、相手に何かを知らせたいだけなら、文字や身振り手振りでも伝わるだろう。だけど、正確にあなたの気持ちを相手に伝えたい場合は、それだけでは少し足りないのである。それには、やはり言葉の力が必要になってくるのだ。

言葉に気持ちを乗せて喋ると、なんとも説明し難い、不思議な力が宿るのである。

それは、時には、相手をやる気にさせたり、奮い立たせたり、そして、納得させたり、理解させたりするのである。

気持ちの乗っていない言葉や会話では、ひとの心を動かすことはできない。

だから、誰かの心を動かしたいと思うときには、アクセントや声のトーンに気を付けて、伝えたい気持ちを言葉に乗せ、相手のほうをまっすぐに見て話すと良いのだ。

そして、この時、自分の視線や素振りにも気をつけておく必要があるだろう。

そして、それと同じくらいに大事なことは、言葉を選んで話すことである。

つまり、自分の投げた言葉が、相手に正しく伝わっているかどうかを確認しながら話す

ことが大切なのだ。

さっきも言ったけど、ひとつの言葉でも、トーンやスピードだけで、別のイメージを相手に与えてしまう危険性があるのだから、常に相手の反応を見ながら言葉を選ぶぐらいの配慮は必要なのである。

しかし、セールスマンがもっと注意しなければならない場合は、面と向ってお客様と話す時よりも、電話で会話する場合である。これで失敗している人は、たくさんいるんだけど、その事実に気付いている人は非常に少ないのだ。

電話や人伝えで誰かに、何かを伝えようとするときには、面と向かって喋るよりも、数倍慎重に話さなければならない。誤解や聞き間違いをされないように、ゆっくり喋る必要があるのだ。

もしかすると、相手に少ししつこく思われてしまうかもしれないけど、それぐらいが丁度いいんじゃないかなと僕は思っている。

セールスマンは、言葉を操るプロでなければならない。言葉がもたらす効果や作用を十分理解し、話し相手に常に親切である事が大切なのではないだろうか。

3　〝次はどうなる？〟を先読みする

誰でも初対面の人に話し掛ける時には、少し照れくさく感じるものだし、緊張してあがったりするものである。

ましてや、その目的が何かを売る為のものならば、尚更相手は警戒して、温かな対応は期待出来ないのだから、より一層こちらの緊張感は高まってしまうのだ。

あなたにも、緊張をした為に大事な商談が駄目になりかけたり、普段ならなんでもないような所でミスを犯してしまったり、といった失敗談が一つぐらいはあるだろう。

緊張の度合にもいろいろあって、相手に伝わる程手足がブルブル震えるタイプの人もいれば、顔色ひとつ代えないけれど、内心は心臓が飛び出しそうな程ドキドキしているタイプの人などがいるようである。

どちらにしても、その緊張のおかげで気持ちの余裕がなくなってしまい、自分の事だけで精一杯になり、相手の為を思いやることや相手の立場で考える事が出来なくなる訳である。

他人と話すことに苦手意識を持ってしまう事は、セールスマンにとっては大きなマイナス要素である。セールスマンが、上手く喋れるかどうかは、大した問題ではないけれど、人と話す事が好きか嫌いかは、かなり重要な問題である。

僕も昔からあがり症で、人前に出て喋る事と、自分自身の意見を他人に話す事が何よりも苦手で、大嫌いだった。他人と話す度に顔を真っ赤にしていたことから、小中学生の頃のあだ名は、赤面（セキメン）とかリンゴなどと呼ばれていた。その事もあり、物心が付いた頃には、話すという事に強いコンプレックスを感じていたのだ。

何が嫌だったかと言うと、相手が自分の話の内容や、話し方に対してどんな風に思っているのかが、なぜかすごく気になったのだ。

それは、気にしないように意識すると、より一層強くなり、突然パッと頭の中が真っ白になり、回りが見えなくなる程の重症だった。

セールスの道に入った僕の前に初めて立ち塞がった壁は、このあがり症と他人と話す事に対する苦手意識だった。この壁を乗り越えたからこそ、今の僕があるのだろうけど、あがり症は治った訳じゃない。

　でも、他人と話すことに対する苦手意識に関しては、今では全くなくなったというよりも、反対に好きになったぐらいだ。

　どんな方法でこの苦手意識と、あがり症を治したのかをよく聞かれるけど、その方法は特に変わった方法ではない。でも、それに気付いた過程は少し変わっている。

　僕は、ひょんなキッカケからそれに気が付いた。それは、テレビのバラエティ番組を見ていた時のことである。

　その番組は、タレントやアナウンサーにイタズラを仕掛けて、その様々な驚き方をクイズ形式にしたもので、僕が興味を持ったのは、〝もしも、他人から予想外の質問を投げ掛けられたら、人はどんな反応をするだろうか？〟という内容のものだった。

　もちろん、番組としても面白かったので見入ってしまったのだが、なかでもいたずらを仕掛けられた人の予想以上に驚いたり、戸惑ったりする様子がとても印象強かった。

　その時、人間は突然予期せぬ質問や回答をされると、極端に感情を乱してしまい、普段どおりに会話が出来なくなるのだという事に気が付いたのだ。そして、それまでの僕は、相手が自分に対して、どんな会話を投げ掛けてくるのか、自分に何を期待しているのかを全く考えもせずに、他人と喋っていた事に気が付いたのだ。

それ以来、僕は仕事で他人と接するときはいつも、〝次はどうなる〟を先読みしている。

先読みと言うと何か難しそうに聞こえるかもしれないけど、ただ単に予測するだけなのだ。

当然外れるかもしれないし、外れてもよいのだ。

つまり、事前に何パターンかをイメージする事さえ出来れば、上出来であり、それだけで心に出来る余裕は大違いなのである。

他人と話したり応対したりする際に、心の余裕はとても重要である。

心に余裕があれば、正確な判断が出来るだろうし、丁寧な心遣いが出来るだろう。

それにより、自分自身に自信を持って行動する事が出来るし、自分が発する意見に対しても責任が持てるようになるのである。

一方、あがり症のほうはと言うと、僕はいまだに人前で喋る時には緊張してしまう。

でも、それは今では嫌いだと言う感覚は無くて、どちらかというと程よい気持ち良さであったり、責任感であったり、大袈裟に言えば僕自身の存在意義に思える事だってあるくらいだ。つまり、周囲から期待されている事を肌で感じる為の大切なバロメーターになっている訳である。

たぶんこれは、たくさんの人と喋り、たくさんの失敗や成功の経験を積んで来た事によって次第と慣れてきた結果なのだろう。

だから、僕はこれからも、人前で話す事は苦手だと言いつつも、皆から頼られる存在であり続けたい訳だから、顔を真っ赤にさせながら話し続けていこうと思っている。

4　本音で伝える

嘘をつくのは、悪い事である。ひとを騙す事もいけない事だ。

しかし、世間では、セールスマンは嘘が上手で、しばしばひとを騙すものだと思われている。

おそらくこれは、大袈裟なセールストークで、出来もしない事を約束して契約を結んだりする、ごく一部の心無いセールスマンが植えつけたイメージなんだろう。

とは、言うものの、言葉巧みに甘い言葉でお客様に有利な条件を提示し、最初から騙す事を目的としたセールスさえ今の世の中には存在する訳だから、お客様が神経質になるのにも確かにうなずける。

もちろん、僕は、こんなセールスを認めるわけではない。

しかし、粗悪な物をいかにももっともらしく高価な本物の様に説明し、お客様を納得させるセールス技術は、決して褒められた物では無いけれど、たいした腕前であるのも事実である。だから、それだけに「その技術を良い様に使えばいいのになぁ」と、この類の話を耳にするたびに、すごくもったいなく思うのだ。

僕は、時々後輩セールスから、「自分は会話が苦手なんだ。」とか、「表現力が乏しくてお客様を説得する自信がない。」等と言った悩みを相談される事がある。

なかには、「自分は正直者で、嘘をつくとすぐに顔に出てしまうので、セールスに不向きではないだろうか。」と言った悩みや、「自分が良いと思っていない物を扱っている場合、どうすれば売れるのか。」という相談もあった。

こんな時、僕は、「セールスの仕事は、上手に話すことではなく、ましてや嘘を上手につくことでは決してない。」と、言うことを分かって貰えるまでじっくりと話すようにしている。

確かに、よく売るセールスマンは、口が達者でお客様を納得させるのが上手である。でも、だからといって嘘が上手な訳ではない。彼らだって、自分が良いと思っていない物は、売れないし、売りたくもないはずである。

僕が、お客様を説得する場合、絶対に嘘はつかない様にしている。とにかく、すべて本

当のことを伝えるように心がけている。

例えば、なにか商品やサービスを勧める場合は、お客様に商品のメリットとデメリットを詳しく説明し、それを使った場合に得られる満足を正確に伝えるのである。

つまり、良い事ばかりではなく悪い事も隠さず伝えることにより、お客様は冷静に判断できる訳である。

でもこの時、少しだけ皆と違う工夫をしている。**それは、〝本音〟で説明するようにしているところだ。**

お客様が、セールスのどんなところに気持ちを惹かれるかというと、自分に対する誠実な気持ちと、思いやりのこころに対してである。

しかし、お客様からしてみれば、セールスは自分に対して物を売りつけることしか考えていないと思っている訳だから、誠実さや気配りも、自分へのプレゼンテーションぐらいにしか感じていないのである。

だから僕は、こんな風に感じている事なんかもすべて正直に話すようにしている。

「嘘や、大袈裟な表現で契約を取るセールスもたくさんいる。でも僕は、少し時間はかかるかもしれないけれど、ちゃんと分かって欲しいのだ。」と、言うことを本気で話し、本音を伝えるようにしている。

こんな風に心がけていれば、嘘なんかつかなくても、僕の気持ちは、お客様にも必ず伝わる筈であると信じている。

5　サインを見抜く

セールスは、お客様の希望や要望を聞き出し、探り出し、感じ取らなければならない。

これらの多くは、セールスが投げかけるたくさんの質問に対してお客様が答えてくれることにより得られるのだが、お客様によっておしゃべり好きな人や、口数の少ない人などがいるわけで、得られる情報量は様々である。

だから、セールスはお客様の態度やしぐさから発せられるサインを見抜く必要があるのだ。

勘がいい人なら、僕の言わんとすることは既にこの時点で分かってくれているだろうけど、鈍感な人や、無神経な人からすれば、この〝サインを見抜く〟ことが非常に難しいようで理解しにくい事のようなのである。

〝サインを見抜く〟こと自体はさほど難しいことではないのだが、これを見逃さないことや見落とさないことは、とても難しいのである。

なぜなら、このサインには、これといった決まったものはなく、雰囲気や場の空気の様なものであり、注意さえしていれば感じ取れるものであるが、少しでも気を抜いていると見落としてしまうといった危険性もともなうのだ。

それに、お客様の発するサインには二種類あり、お客様がセールスに対して無言のアピールとして発する場合と、お客様自身も無意識に発してしまっている場合とがあるわけである。もちろん後者の場合はちょっとしたことで見落としてしまうし、二度と同じサインを出してくれない場合がほとんどである。

僕の場合は昔から、このサインを見抜く事には自信があった。

昔というのは、かなり前のことである。たぶん小学生になるかならないかといったぐらいの子供の頃の話だ。いたずらっ子の僕は、学校ではいつも先生に怒られ、家に帰れば親に怒鳴られていた。そのうちに、なんとなく先生や両親が発するサインを感じ取ることが出来るようになったのだ。

小さい頃から、「お前は要領が良いな、寸前の所で、上手いことかわすなぁ。」と皮肉混じりで褒められたことを、今でも覚えている。

僕が〝サインを見抜く〟ことが出来るようになったのは、これがキッカケである。

もうひとつヒントになる事が言えるとすると、もしもあなたが、大勢の人の中で知人を見つけたとして、その人と話をしたいと思った時、あなたならまずどうするかを考えてみればいい。たぶんあなたは、その人に近づき目的の相手に声を掛ける為に、周りの状況を確認してから、相手の邪魔にならないように気を配りながら声を掛けるはずである。

こんな時、相手と目線を合わせようと努力したり、何気なく相手に気付いて貰えるように振舞ってみたりした経験はあなたには無いだろうか。これが〝サイン〟である。

身振りや素振り、目配せや話し方、それに声のトーン等、サインの種類は様々で、ひとくちにこれだとは言えない。

でも、小学生の僕に見抜くことが出来たのだから、難しいはずはない。ただ油断をせず、そのサインを見落とさないように心がけていればよいのだ。

6　段取り八分

コミュニケーション力が、別段飛び抜けている訳でもなく、すごい人脈があるわけでもないけど、仕事のスピードと正確さは、ピカイチだというセールスマンにたまに出会うことがある。仕事が早くて、間違いが少ないことは、優秀なセールスマンの証拠である。彼らは、どのようにして、正確に、スピーディーに仕事をこなすのだろうか。

僕は、トップセールスマンには類まれな力がある訳ではないし、能力がけたはずれの人なんてそうそういないと思っている。それでは、なぜそれほどまでに差が生まれるかというと、その理由は、仕事に取りかかるまでの、段取りの違いだけなのである。

僕の言う〝段取り〟とは、仕事に取りかかる手順であり、仕事の優先順位の決め方のことである。仕事は、正確にこなすだけでも駄目で、期限内に終わらせる必要がある。

だからといって早く終わらす事が目的ではない。〝段取り〟を組む場合、仕事に応じてその都度柔軟に、一番効率の良い手順を考えることが必要である。これには、決断力や発想力といったものが必要になってくるのだ。

段取りの悪い人は何も考えず、とにかく手近にある仕事から片付けようとしてしまうので時間不足になったり中途半端になったりしてしまう。反対に段取り上手な人は、一見すると、仕事に取りかかるのが遅いかのように見えるかもしれないけれど、実際は、最初に仕事の全体像を把握して、最適な手順を見つけてから取りかかるのだ。結果、仕事の精度やスピードの差は言うまでもないだろう。

ただし、段取りというものは、それ自体が本来の目的ではなく、時間の有効活用と仕事を効率よく進める手段であるから、いくら上手に段取りを組めたからといって、すべての仕事が成功に繋がる訳ではない。

しかし、余裕を持って仕事に取り組めるわけだから、少なくとも言えることは、段取りを上手く組むことができれば、失敗は少なくなり、仕事のスピードは格段に増すはずである。

それでは、どうすれば段取りが苦手な人が段取り上手になれるかというと、人によって多少方法は違うだろうけど基本は同じである。

それに、この方法はなにも僕だけの秘訣ではなくて、誰でもが知っていて、実践すればよい結果が生まれる事実もみんな知っているのだ。でも、少しめんどうくさくて、すぐに省略してしまう癖がついてしまっているだけである。だから、ここで僕が話す事は、「なぁんだ。そんな事かぁ。」という内容だけど、とても重要な事で、僕も毎回実践している。

僕の段取りの組み方は、まず新しい仕事が入ってきた場合、現在の仕事内容をすべて紙に書き出す。一つの仕事に段階がある場合には、段階ごとに出来るだけ細かく書き出すようにしている。次にそれを優先順で番号を振り分けていくのだ。

それから、自分のテンションを計り、新しい仕事の重要度と、作業量を予測して検討しながら、段取りを組んでいくのである。

この時、大事なポイントは、すべて完璧にこなすケースと、少し省略したケースと、重要度の低い作業を全て無視したケースの三つのパターンを頭のなかで描くのが僕のやり方である。

もちろん、いつも完璧にこなすケースを採用できれば良いのだが、ほとんどの場合が、三番目のケースで、注意すべき点を頭に置きながら、クレームにならないように気をつけて仕事を進めるのが普通である。

仕事の順序を決めるにあたり、重要度と優先順位のバランスを上手くとり、自分にあった段取りを組めるようになれば、ストレスなく仕事を順調にこなす事が出来るようになり、今までのあなたとは、仕事の正確さやスピードに必ず大きな差が生まれる筈である。

段取りが組めるようになると、
仕事を順調にこなせるようになる。
余裕を持って頑張ることができる。

7　〝売る〟と〝売れる〟の違い

セールスの世界において、〝売る〟と〝売れる〟では少し意味合いが異なる。〝売れる〟は偶然性をかなりの割合で含んでいるが、〝売る〟は、必然性が強く、セールスの力量が大半を占めると言うのだ。

こういう風に考えてみると、なにか商品を買って貰ったにしても、それが、〝売った〟のか、〝売れた〟のかは、セールスマンにとってはとても大きな違いがあるのだ。

お客様の立場からしてみれば、どちらもそれを欲しいと思い、買いたいという衝動に駆られた訳だから大した違いではない。だけど、その商品を買うに至るまでのサービスや満足度の差は、対応したセールスマンによって、大きな違いがある筈である。

「売れる物が〝売れる〟のは当たり前」であって、「肝心なのは〝売る〟ことだ。」と、僕は思っている。

たしかに、売れない時代に売れる物を探したい気持ちは良く分かるし、いくら頑張っても売れないこともあるのだから、それを景気や時代のせいにしたい気持ちもとても良く分かる。

だけど僕は、いつも〝売る〟ことばかりを考えている。どうしたら、たくさん売ることが出来るのかを、ずっと毎日考えているのだ。

景気や時代なんかじゃなく、ひとを相手にしているからこそ、どうすれば、相手を喜ばせる事が出来るかとか、満足させられるだろうか等と、想像をめぐらせる事により、〝売る〟〝売りたい〟という意識が次第と大きくなってくるのだ。

そうして、お客様に買ってもらうことが出来たなら、自信を持って「売った」と言うことが出来るのである。

セールスのミーティング等で、どれだけ〝売れた〟や何故〝売れなかった〟のか、を検討している場面によく出くわすが、それは根本から間違っているように思える。

僕は、セールスには、〝売る〟意識をしっかりと持ち、胸を張って「俺が〝売ったんだ〟」と言えるような価値ある仕事をして欲しいと思っている。

僕が目指すセールスは、口でお客様を上手に言いくるめる物ではなく、知識や理屈で説得するものでもない。

僕は、相手に〝欲しい〟や〝買いたい〟を思わせ、手に入れたいという衝動を起こす所までのお手伝いが、セールスの本来の仕事であると思っている。

背中がカユ…
カユいところまで届きますので！
モジモジ

相手に“買いたい”“手に入れたい”
という衝動を起こすまでのお手伝いが
セールスの仕事だ。

8　会話のキャッチボール

セールスの仕事を野球にたとえる人がよくいる。

バッターの打率とセールス個人の商談の勝率を比較してみたり、プロ野球選手の考え方を、セールスの極意に無理やりこじつけたりする先輩や上司に一度はお目にかかった事があるだろう。

僕も例にもれず、他人からセールスのちょっとしたアドバイスを求められた時、プロ野球選手のプレーや判断を、僕なりの解釈を交えた例え話をする事がたまにある。

僕は特に野球が好きでもないし、上手でもないけど、ただなんとなく例え話としてはしっくりくるからという理由で使っているだけである。

ただし、なかには例外もあって、女性や若い人が相手の場合は、野球のルールや選手の名前を例に出すと、まずその詳細な説明が必要になる事もあるからこんな時には、他の例え話を使って説明するようにしている。

僕はいつも、セールスとお客様との会話をキャッチボールに例えて説明する。

まず、どちらかがボールを投げるわけだ。

そして、相手はそれを受け取り、また投げ返す。

これでキャッチボールが続くのであり、どちらかがボールを投げるばかりでは駄目だし、また受けとったボールはしっかりと相手に投げ返さなければ、キャッチボールは続かないで終わってしまうのだ。

ほら、セールスとお客様の会話に似ているだろう。

相手の知りたいことや、疑問に感じていることをしっかりと聞き取って、正しい答えを返すことも大事だし、投げやすいところにミットを構え、上手に相手の本音を引き出すのも会話のキャッチボールでは大事なことなのだ。

そして、何度もボールを投げ合う中で、次にどんなボールが飛んできそうか、どんなボールを投げて欲しそうなのかを探りながらキャッチボールする事が出来れば、まずボールは落とさないし、楽しい会話のキャッチボールが続く筈である。

そして、セールスマンとお客様との会話は何気ない雑談から商談へと移る。

野球で言えば、キャッチボールから、打つか打たれるかの真剣勝負に変わるのだ。

つまり、ピッチャーとバッターに分かれ、お互い相手の心を探りあう訳である。

投げるボールの種類もよく似ている。探り球や誘い球、そして、ここぞという時の決め球といった具合である。

ピッチャーは、バッターに打たれないように投球の組み立てを考え、セールスは何とか買って貰おうとお客様の説得を試みるのだ。

会話のキャッチボールで知り得た相手の情報を基に、投球の組み立てを考えて、喜んで商品を買って貰える様な、ベストピッチングを目指して欲しい。

9　機転が利く人

セールスに求められる能力の中に〝機転が利く〟という事が、挙げられるだろう。

この〝機転が利く〟は、〝頭が切れる〟とか、〝要領が良い〟等と、同じ意味で使われるが、**要は、配慮が出来て、気が付く事である。**

とりわけこの能力は、生まれ持った才能だという考え方をされがちであるが、僕はそうは思わない。

たしかに、育った環境には関係していると思うけど、生まれ持った才能とまではいかないと思う。だから、僕は、ちょっとした日ごろの努力や心がけで身に付くものだと考えている。

さて、あなたは、機転が利く人か利かない人かどちらだろうか。

これは、もちろん相手が感じることだから、自分ではどちらとも言えないかも知れないけど、自分でも判断できるポイントがあるのだ。

それは、あなたが、誰かの行動や言動に対して、あなたに対する細かな気配りを、察知する事が出来る人かどうかである。

もし、あなたが、それを察知できるとしたら、機転が利く人だといえるだろう。でも反対に、相手の行動や言動に対して、あまり興味を示さず自分中心に物を考える傾向のある人は、自分では〝オレは機転が利いて、頭の切れるヤツだ。〟と思っていても、周りからすればそうは見えていないことが多かったりするのだ。

機転が利く人と利かない人との差は、普段からの心がけの差である。それから、相手のことを思いやる気持ちのほんの少しの差なのだ。

機転が利くということを、少し難しく分析すると、少し先を読み、様々な出来事に対して、臨機応変に対処が出来るということであるが、これを実践する為には、常にいろんな事を考えながら行動していなければならない。

そして、実際にこれを瞬時にやってのけるには、いろんな事に神経を使い、相手の一挙手一投足に対して、気を抜かずに神経を張り巡らせておく必要があるのだ。

こう言ってしまうと、何かとても難しく聞こえるかもしれないけど、とにかく、何か事を行うときに、考えながら行動する人と、無神経に何も考えずに行動してしまう人との違いなのだ。

つまり、その行動の結果ではなくて、それに対する取り組み方の問題といえるのだ。

それでは、どうしたら〝セールスにとって必要とされる機転が利く能力〟を身につけられるかというと、相手の立場でモノを考えることが出来れば、これは自然と身に付くものなのだ。

お客様との会話において、いつも相手の立場でモノを考えるように心がけていれば、次第と相手の気持ちが分かってくるものだ。

そして、お客様が次に何をしたいか、どんなことを知りたいか、どんな不安があるのかに、意識を集中して頭を働かせ想像し、相手が話し易いように話を進めてあげるのだ。

お客様が、セールスマンを見て機転が利くかどうかのポイントは、この話し易さや話運び、それに応対時の立ち振る舞いから判断するのである。

これは、本来の〝機転が利く〟とは少し違うかもしれないけど、セールスマンが、お客様の信頼を勝ちえるには十分すぎる効果を発揮してくれるはずである。

もちろん、神経を使って相手の顔色を見ながら一時も気を抜かず、物事の先を読んで臨機応変に対応できるに越した事はないけど、これを実践するためには、もの凄い精神力が必要だろう。

だけど、これに比べて僕がいう〝セールスにとって必要とされる機転が利く能力〟は、〝相手の事を思いやる気持ちを忘れない〟という日頃のちょっとした心がけで身に付けることが可能なのである。

第四章のまとめ

この章では、セールスの心構えや考え方、それと、必要とされる能力であったり、ちょっとしたハウツーなんかも取り上げてみた。

ここで話したことは、なにも別段たいした事じゃないかもしれない。

だけど、僕自身これらのことを非常に悩んだ記憶があるのだ。自分は、セールスには向いていないのではないかと、本気で悩み、自分の持って生まれた能力の低さを恨んだ事だってある。

どんなに努力しても報われず、才能がないんじゃないかと何度も諦めかけもした。

そんな経験の中で、僕が出した僕なりの考え方であり、いまもずっと心掛けている事を話しただけである。

だけど、僕がここで話した事は、無い物ねだりの考え方よりも、よっぽどマシだと思っている。持って生まれた才能が無いのなら、努力で身に付けていけばいい。心掛けでカバーすればいいのだ。そして、人は強く望みさえすれば、なりたい自分に必ずなれる筈である。

人は強く望みさえすれば、
なりたい自分に必ずなれる筈である。

第五章　結果が全て。数字が全て。

1　数字の考え方

世の中には、たくさんのセールスがいる。そして、そのほとんどの人が、数字を追いかけたり、数字に追いかけられたりしているのだ。

ノルマであったり目標であったり、その呼び方はいろいろだけど、その決められた数字を目指して、汗水たらして働いているのである。

なかには、たいした苦労も無く目標を達成するものも在れば、かれこれ何ヶ月も達成できず、上司から毎回怒鳴りつけられている人も少なくないだろう。

最近では、企業の方針としてノルマ制を無くしたり、個人レベルでのノルマ制ではなくて、グループや部署ごとに目標数字を持たせて競い合わせたりしている企業も増えてきているらしい。だけど、いくらノルマが無いからと言ってセールスマンが数字を意識しないで良いかと言うとそうはいかない。

お金をたくさん稼ぐには、当然たくさん販売実績を上げなければならない。その為には、計画を立てる必要があり、販売目標を掲げることがとても重要になってくるのだ。

人から与えられたノルマ数字と、自分で掲げた目標数字の違いこそあれ、セールスマンが数字から逃れることはけっして出来ないのである。だから、セールスマンにとって、この数字をどう考え、これとどう付き合っていくのかが、とても大切なポイントになってくるのだ。

僕も、今まで相当この数字に苦しめられてきたクチである。思うような実績をあげられず、いちいち数字に一喜一憂していた。ふがいない自分に嫌気が差し、半ば投げやりに日々を過ごしたこともある。

そんな経験の中で僕は、この数字と付き合う方法を、いろいろ模索してみた。

例えば、一切無視してみようと考えてみたこともあった。数字に追いかけられる苦しみから逃れようと、自分なりに考えた最善の策のつもりだったんだけど、結果は悲惨なものだった。

アイデア自体は、悪くなかったと思うけど、会社の方針に合わず、こっぴどく上司に叱られ、すぐに止められてしまった。会社側からすれば、販売目標数字をもとに、行動目標を立て、売り上げ見込みを計算するわけだから、僕みたいな勝手な行動は、会社としては認める訳にはいかなかったのだろう。

でも、もしもあの時、目標数字を無視して営業を続けていたとしても、良い結果にはなっていなかったように思う。

なぜなら、数字に追われることからは、逃れられるかもしれないけど、目標がなかったら、いつまでもダラダラと、走り続けなければならない訳だから、それはそれで辛いし、しんどい筈である。

だから僕は、数字・目標は自分を成長させる為の道具として考えた方がいいと思うようになった。目標を達成するために、毎日朝から晩まで頭の中がグチャグチャになるほど悩み、夜中に突然アイデアがひらめき、いろいろと想像をめぐらしているうちに朝を迎えたりして、そんな事をできるだけ無理してでも、楽しくやっていくと成長していくような気がする。

もちろん、そんな事をずっと続けていると体が持たないし、精神的にも辛いだろうけど、余力を残して、無難にこなしているだけでは、成長は止まってしまうような気がする。

なんの根拠もないんだけど、僕は、今までよりも無理する事で、人は一回り大きくなるのだと思う。その為には、明確に目標を持って、それを意識しながら悩み苦しみ、自分なりに答えを見つけていくしかないのではないだろうか。

2　セールスマンは数字に追われるな

さっきも話したけど、もう少しこの〝数字〟について話しておこうと思う。

会社側がセールスマンに期待している事は、数多くの商品やサービスをお客様に売る事である。その販売成績の良し悪しによって、セールスマンのランクを決めているのだ。だけど、お客様がセールスマンに期待している事は、親切で丁寧な対応と気の利いたサービスであったり、満足いく商品提供であったりするのだ。

この二つのまったく相反する要求に対して、セールスマンは上手にバランスを保ちながら、両者の期待に応えていかなければならない。

これが口で言うほど簡単ではなくて、とにかく無茶苦茶大変なのである。おそらくこのバランス感覚が、セールスマンとして成功する為の、もっとも大事な要素なのではないかと僕は思っている。

僕が言いたいことは、少し矛盾している様に感じるかもしれないけど、数字や目標を意識するのは、セールスマンである限り避けて通る事は出来ないのだけど、〝絶対に数字に追われてはいけない〟ということを分かっておいて欲しいのだ。

実際には、追われている訳なんだけど、その事を絶対にお客様に感じさせてはならないのである。

ここのところを勘違いしているセールスマンが非常に多くて、会社から与えられているノルマの話や、自分の販売成績の進捗具合をお客様に話して、会社の方針やノルマに対する不平不満を愚痴りながら同情をあおり、お涙頂戴の営業方法で商品を販売しているセールスマンを僕はたくさん知っている。

しかも、その営業スタイルを正しいと信じて、真似する新人セールスマンさえいる程である。いくら会社側が、セールスマンに対して、大量の商品を売ってくる事を期待していたとしても、企業イメージを落としてまで、販売成績を伸ばして欲しいとは思っていない筈である。

お客様が、商品やサービスを購入する理由は、それらを使って得られる満足を求めているのであって、それ自体を手に入れる事が最終目的ではないということを決して忘れてはいけないのである。

もしも、あなたが必要と感じない物を、セールスマンから頼み込まれて、義理や付き合いで一度は購入したとしても、二度と同じセールスマンから買いたいとは思わないのではないだろうか。

あと少しでノルマをクリア出来そうな時や、まったく成績が上がらず、なんとか数字を出したい時に、わらにもすがる思いで営業した経験が僕にもある。

そんな時に、〝売りたい〟という気持ちが前に出すぎて、良いところまではいくんだけど、最後のクローズまでいけなくて噛み合わない歯車に憤りを感じた経験をセールスなら皆持っているだろう。

〝今、ここで注文が欲しい〟〝絶対にこのお客様に売って見せるぞ〟という、決意を持つ事はとても大事な事である。だけど、これがお客様に見えてしまうと、逆効果に働いてしまう事が多かったりするのだ。

とは言っても数字に追いかけられ、プレッシャーを感じている時には、なかなかこの事に気が付かないもので、普段ならごく自然に契約まで漕ぎ着けるケースでも、意気込みすぎて気負ってしまうと、あせってミスをしたり、余計な事を口走ってみたりしてしまうのである。

だからといって、プレッシャーを感じるなといっても、無理な注文なのは分かっている。もしも、あなたが、数字に追いかけられ焦っている自分自身に気が付いたら、いつもより少し肩の力を抜いて話す事を心がけ、相手の立場で物事を考える事を忘れなければ良いのだ。

そして、心の中では、どれだけ追いかけられ追い詰められていたとしても、ポーカーフェイスを演じて、じっくり丁寧に営業する事を意識していればいいだろう。

セールスマンである限り、数字に追いかけられ、眠れないほど悩み、ご飯がのどを通らない事だってあるかもしれない。だけど、そんな時こそ、成績や数字云々で悩んでいるあなた自身の事よりも、お客様の事を一番に考えて話すように心がけていれば、成績は後からついてくるのではないだろうか。

3　キャンセルを防ぐ

僕が、セールスの業務のなかで一番嫌いな仕事は、契約のキャンセル時の後処理である。

扱う商品やサービス、それに業種によってその作業に違いはあるだろうけど、このキャンセルの後処理ほど無意味な仕事はないだろう。おそらく、多くのセールスマンが、返品や注文キャンセルで苦い思いをした経験が有るのではないだろうか。

何かを売る仕事をしている以上、多かれ少なかれ、必ずそんな時があるのは承知しているし、誰もわざと望んで、キャンセルされている訳ではないのもわかっている。

それに、お客様からしてみても、商品やサービスを注文する際には、まさかキャンセルしてやろうと思って注文している訳ではないだろうから、いくらセールスマンが注意したからといって防げるという訳でもないだろう。

お客様がキャンセルするのには、何らかの理由や原因があるのだけど、大抵の場合が、心境の変化なのである。なかには、契約後に突然予定外の事故や事件が起こった為、やむなくキャンセルされる事もあるだろうけど、こういった事はごく稀である。

ほとんどの場合が、つい先刻、セールスマンに勧められ、一度は買うぞ！と心に決めたのにも拘らず、たいした理由もなく、なんとなくやっぱり止めとこうとなるものなのだ。

それに不思議な事だけど、一度キャンセルになった契約を、再び契約にまで持っていくのは、どれだけ凄腕のトップセールスマンであっても驚くほど難しいのである。

ここでよく考えて欲しい事は、キャンセル自体はマイナス一ポイントだけど、それに伴う時間的ロスや、精神的なダメージを考えると、計り知れないほど大きなマイナスポイントが発生するのである。目標数字を追いかける上で、数字を積み重ねる事だけに意識をとられていてはいけない。

むしろ、せっかく積み上げた数字が崩れてしまうほうが本当は怖いのだという事を覚えていて欲しい。

やっとの思いで見込み客を獲得し、あの手この手で販売促進を行って、苦労の末に成約にまで持っていったお客様を、たいした理由もなくキャンセルされてしまったのでは、悔やんでも悔やみきれないはずである。

さらにその後、契約解除の手続きや社内の事務処理までついてくる訳だから、これによりセールスマンが受けるダメージは、セールス経験者なら誰もが容易に想像できるだろう。

キャンセルを一〇〇パーセント防ぐ方法を僕は、あなたに教える事は出来ないけれど、キャンセルされる割合を減らす手段なら知っている。これを意識して、実践しているセールスマンは意外と少ないのである。

その手段とは、契約の後、必ず雑談を交わすようにするだけである。雑談といっても世間話とかとは少し違って、どちらかというとアンケート的な意識調査に近いようなものである。ここからは、ちょっとだけ、まどろっこしい説明になるが、お客様の立場を想像しながら聞いて欲しいと思う。

お客様が契約に至るまでの心の動き方は、今更改めて話をするまでも無いだろうけど、この機会にもう一度復習しておきたいと思う。

お客様は、セールスが販売しようとする商品やサービスをどこかで知り、それに対して、まず興味を持つ事から始まるのである。それから、欲しいという気持ちが膨らみ、さらには、それを購入した後の満足を想像するようになる訳である。その過程で、それを妨げる要素を取り除きながら、納得したうえで、購入に踏み切る訳である。

ここまでは、セールスマンなら皆が理解しているはずである。だけど、この後のお客様の心の動きに対して、意識を向けているセールスマンは、ほとんどいないのだ。何故なら、自分から購入したお客様は、それを欲しいと思い、契約した訳だから、当然納得して貰っている筈だと決め付けてしまっているセールスマンが多いからである。

だから、ここから先のお客様の気持ちの動き方を、お客様の立場で想像してみることが大切なのだ。

お客様は、セールスマンに勧められて商品やサービスの購入を決めた後、セールスマンと別れてから一体何を想い巡らせているのだろうか。

おそらく、自分が購入を決めた物を使って満足している様子であったり、友達や周りの人たちに羨ましがられて、自慢げにしている自分自身の姿を想像したりするのだろう。

或いは、それを購入した事を、親や兄弟に話したり、それから友達なんかに自慢したりするかもしれない。

この時、もしも周りから否定的な意見が出てきたとしたら、そのお客様はどう考えるだろうか。おそらく、自分の事を思ってくれる人からの、率直な意見であれば、少なくとも少しは耳を傾けるのではないだろうか。そして、もう一度冷静になり考える努力をする筈である。

しかも今度は、それが欲しいかどうかより、本当に必要かどうかを、悩むようになるのだ。


こんな感じで、お客様の心が揺れ始め、一度は購入を決意したものの、やっぱり今回は止めておこうとなるのだろう。

これが一般的なキャンセルに見られる、お客様の心の動きではないだろうか。


そこで、雑談なのである。

〝欲しいから購入するのだ〟という動機は、一見すると説得力に欠けるように思う。これに比べて、〝必要だから購入する〟という理由は、すごく現実的な感じがするだろう。

つまり、購入を決めた後の雑談によって、相手の選択が正しかった事を、実例を交えて話してあげればよいのだ。

その商品やサービスが、どれだけお客様の役に立つのかが正確に伝われば、お客様はそれを必要だと感じてくれるはずである。

その為には、全ての手続きが済んだ後、じっくり雑談する時間を設ければよいのである。これをあなたが実践するだけで、キャンセルされる比率は確実に減る筈である。

場合によれば、キャンセルの後処理よりも厄介なのが、お客様からのクレームに関する応対である。これも、僕達セールスマンの気苦労のひとつになっているのは間違いないだろう。

4　クレームの上手な処理方法

クレームというと、わがままで自己中心的なお客様が、自分勝手な理屈で無理難題を突き付け、その対応に右往左往させられているような光景をテレビドラマなどではよく見かけるけど、これは実際とは少し違っている。

お客様から出されるクレームには、その対象となるものがいくつかあって、それによって対処の方法も変わってくるのだ。なかでも、購入した商品やサービス自体のクレーム、それに接客態度やアフターフォローに関するクレームなどが主なところだろう。

このクレームに対する処理能力こそ、もしかすると〝できるセールス〟に一番求められるスキルなのかもしれない。

これは、直接販売成績に繋がりはしないけれど、クレームに悩まされて成績が落ちたり、最悪の場合ではセールスを辞めてしまったりする事だってあるのだから、クレーム対処の方法をしっかり身に付けていなければならないのである。

それでは、クレームが発生した時にセールスマンとしてどの様に対応すべきであるかを話していこう。

まず、お客様の話をすべて詳しく聞くことから始めなければならない。

ここで大事なポイントは、最初から低姿勢で、なんでもかんでも謝ってばかりでは駄目なのである。**怒鳴られてもけなされても、謙虚な姿勢ではありながら、堂々と余裕を持って最後まで話を聞き出すのだ。**相手は頭に血が上り、言葉が荒く暴力的な態度をとるかもしれないけど、とにかく冷静に堂々と話をする必要があるのだ。絶対に相手の話を否定せず、相手の言葉をなぞるように繰り返し確認し、メモを取りながら事情を聞くように努めるのだ。

次に、お客様の話から得た、クレームの内容を、ハッキリと自分の言葉で確認するのだ。

ここで大事なポイントは、〝お客様の言い分をすべて承知するのではなく、**気持ちは理解しました〟という、微妙なニュアンスを伝える必要があるのだ。**これには、相手の気持ちを汲みながら、言葉遣いや言い回しにも気をつけることが大事である。**それから、こちら側の事情を説明する必要があるのだ。**相手の言い分に対して、それを細分化し、出来るだけ専門用語を使わずにかみ砕いて答えていくのである。

ここでの説明方法は、そのクレームの原因に基づくところが大きいので、詳しい説明内容をこの場では話せないけど、基本的な二つのパターンを想定して話をしよう。

《お客様の言い分がすべて正しい商品やサービスに対するクレームの場合》

このケースでは、お客様の言い分をすべて認め、商品やサービスの不具合や、不適切な対応について、さらにはそれに対してお客様に与えた精神的な部分も含めて、深く謝罪をするのだ。それから、二度と同じ様な失敗のないように努めることをお約束すればいい。文字にして書くと、簡単そうに見えるんだけど、実際はとにかく分って貰えるまで頭を下げるほかは無いだろう。

《お客様の誤解や思い違いから発生したクレームの場合》

このケースでは、お客様の言い分を否定する必要があるわけだから、非常に厄介なのである。単刀直入に、「あなたの言い分は間違っています。」と言った所で、口げんかや討論に発展して、話が余計こじれるだけで何の解決にも繋がらないだろう。

だからこの場合、ちょっとしたテクニックが必要である。**それは、相手の間違いを指摘するのではなく、間違いを気付かせる方法である。**

これは、相手の間違いを理論立てて証明するよりもずっと時間がかかるけど、相手が自分の間違いに気付いた後は、とてもスムーズにこちらの説明を理解してくれるのである。

この間違いを気付かせるテクニックは、話し方に少しコツが必要なくらいで、それほど高度な技術ではない。

その方法は、お客様が誤解している箇所の説明を、詳しく相手の口から話しをさせて、あなたがそれを繰り返すのである。

ここで先ほどのケースと違うところは、相手の言葉をなぞりながら繰り返すのではなく、わざとあなたの伝えたい内容をあなたが勘違いしているフリをして喋って見せるのである。

そこで、相手にお互いの理解の相違を指摘させれば、相手は自分の思い違いを素直に受け入れやすくなるのである。

そのときあなたは、言葉足らずな自分の説明が、お客様の誤解を招いた原因となったことを深く謝罪すれば、お客様は気持ちよく許してくれるはずである。

すべてのクレームの対処に共通していえることは、とにかく誠意のある対応こそが、一番大切だという事であるだろう。

クレームやトラブルが発生しないようなセールス活動を心掛けることも、セールスマンが数字を追いかけるにあたり、とても重要なことではないだろうか。

5　価格を下げずに売る（テクニックに溺れるな）

僕たちがセールスの仕事を続ける為には、たくさんの商品やサービスをお客様に販売し続けなければならない。それに、目標やノルマを達成する為には、いろんなセールテクニックを身に付けたり、自分なりの販売トークを開発したりする努力も必要となってくるだろう。

長くセールスを続けていると、次第とそのテクニックにも磨きがかかってくるものである。

なかでも、お客様との価格交渉や、その他諸条件の交渉の善し悪しが、売れるか売れないかの分かれ目になってくるのは間違いないのだ。

つまり、逆に言えば、価格交渉や諸条件の交渉さえ上手くこなせれば、ほぼその商談は成立するということなのである。

どうしたら売れるのかをいつも考えていると、〝どうしたらビックリする程たくさん売れるようになるだろうか〟とか、〝楽に売れる方法はないだろうか〟等と、あらぬ方向に想像が膨らんでしまったりする事だってある。

とくに、目標数字を意識して、売ることばかりに気をとられていると、お客様の満足を考えない、〝売りっぱなしのセールス〟になってしまう恐れがあるのだ。こうなってしまうと、せっかく取れた契約もキャンセルになってしまったり、クレームやトラブルが発生したりしてしまうのである。

どんなに気を付けていても、ちょっとした気の緩みからテクニックに溺れた、うわべだけのセールスになってしまうこともあるので常に意識し続ける必要があるのだ。

僕も以前、このテクニックに溺れた経験がある。

目標数字は毎月きっちり達成し、会社のなかでも少し認められるようになっていた頃だった。父親の知り合いに軽自動車の購入を考えている人がいるということで、僕は珍しく平日の昼間に、父親の経営する工場に足を運んだ。

父親から紹介されたお客様は、父の工場で働いていた、パートのおばちゃんだった。

僕もそのおばちゃんを昔からよく知っていて、お客様というよりも、友達のように商談を進めた。おばちゃんは、今まで乗っていた車が壊れてしまって、仕方なく新しい車が必要だそうで、特に欲しい車種や気に入ったメーカーもないらしく、とにかく何でも良いのだというのだ。ただ、突然の出費なので、出来るだけ安く抑えたいとの事だった。

僕は、特に深く考えず、とにかく一番安い車種を提案した。昔からの知り合いということもあり、値引き額なんかも最初から目一杯提示し、ガソリン満タンの約束や、無料オイルチケットの話等を頼まれないのにしていた。それから、僕は自信満々に、「どこよりも一番得ですから、今日決めてください。」と、いつもの決め台詞を大きな声で発した。

父親の前で、良い格好を見せたくて、少し肩に力が入っていたかも知れないけど、自分ではそこそこ上手に喋れたし、相手のおばちゃんのニーズにあった提案をしたつもりだったが、おばちゃんの口から返ってきた言葉は、「まさひこ君、もうちょっと引けへんの？」だった。

僕は、予想外の言葉に驚いてしまい、気が付くと、始めから掛け値なしで思い切って値引きしたことや、普通ならあまりしない、ガソリン満タンの約束や無料オイルチケットだって渡しているじゃないかと、自分が相手にどれだけ得になる様にしてあげたかを恩着せがましく、延々と話してしまっていたのである。

結果、そのおばちゃんは、僕の提示通りの条件で軽自動車を契約してくれた。だけどなんだか後味の悪い商談だった。

おばちゃんが帰った後、途中席を外していた父親が、僕の向かい側に腰を降ろし、「正彦、値引き額を提示する時は、そのお金を自分の財布から出すつもりでせなアカンで。そうしないと、相手にお前の本気が伝わらへんで。」と言った。

その時僕は、父親の言ったことをとてもよく理解できたが、少し悔しくて素直に返事が出来なかった。無言の僕に、父親は再び、「お前はセールスやねんから、上手く喋れるのは当たり前やと皆は思う訳やから。薄っぺらな演技やったらすぐにばれてしまうで。」と続けた。

相手のことを本気で思いやる気持ちの大切さと、うわべのテクニックよりも、本気の気迫のほうが大事だということを僕は、父親から教わったのである。

僕が父親から、セールスについて教わったことは、後にも先にもこれだけである。だけど僕は、僕の後輩や部下など、数えられない多くの人に、「値引きをする時は、自分の財布から出すつもりでしろ。」と教えている。

6　目標（ノルマ）達成のポイント

一流のセールスマンである為には、自分に厳しくなければならない。

〝売れてよかった〟〝あー、なんだか今日は全然駄目だった〟等と、その時その時の気分で一喜一憂しているようでは、立派なセールスマンとは言えないのだ。

〝何故、どうして売れたのか、何故売れなかったのか〟その原因を常に考え、深く追求してこそ、本当のセールスの面白さが見つかる筈である。そして、この考える習慣こそが、目標を達成するためには、不可欠な重要なポイントなのである。

当たり前のことを当たり前と考えず、いつも好奇心旺盛な気持ちでいることが大切ではないだろうか。固定概念や既成観念にとらわれず、周りのものに興味を持ち、なにげないことに関心を持つようにしていれば、新たな発見に繋がるかもしれない。

それから、セールスマンは、タフでなければならない。セールスマンが、目標を意識し、その達成の為に日々努力を続けるには、相当な体力と精神力が必要である。

誰かに尻を叩かれるのではなく、自分から積極的に目標達成に向かって進み続ける強い精神力と、不確実な要素の多い労働条件の中で生き抜くことが出来る、強靭な体力が必要とされるのである。

そして、セールスマンは、自己管理が出来なければならない。無計画に、成り行き任せに行動していたのでは、目標の達成はおぼつかない。目標達成の為には、しっかりと計画を立て、それに沿って積極的に自己をコントロールしていかなければならないのである。

セールスマンの仕事場は、ほとんどが社外にある訳だから、そこでのいろんな誘惑に負けない為にも、常に自分の気持ちをコントロールしていなければならないのだ。


僕たちセールスマンは、プロとしてセールスをしている以上、毎月コンスタントに目標（ノルマ）をクリアする必要がある。その為には、問題意識を持ち、好奇心旺盛でありながら、仕事の計画とその遂行及び調整を上手く行うことが出来なければならないのである。

しかし、如何にも当たり前のことなのだが、どれだけ努力しても、必ずしも目標達成が約束される訳ではないのだから、ここのところで、我慢強さや根気なんかも必要になるのだろう。

つまり、自分を成長させることが、目標達成の一番重要なポイントということになるのではないだろうか。

7 〝数字が全て〟の意味

セールスの世界では、〝数字が全てだ〟とよく言われる。実力主義で、結果を求められる世界だから、確かに数字はとても重要であり、深い意味を持っているのである。

僕は、この言葉を聞くと、いつも一人の上司の顔が浮かぶ。その上司は、頭がハゲていて、体は大きいほうではなかったけど、うるさいぐらい声が大きくて、なんとも言えない迫力があるオッチャンだった。このひとが、僕の最初の上司だった。

学校を卒業したての僕は、将来の目標がみつかるまで、会社でも少し浮いた存在だった。仕事にやり甲斐や、生き甲斐を感じるには余りにも若かったように思う。でも、人一倍負けず嫌いで、向上心だけは一人前に持ちあわせていた。

こんな時に出会ったのが、このハゲた恐そうなオッチャンだった。新車ディーラーの所長と言うよりは、町工場の班長とか、どっかの八百屋か魚屋にいそうな、威勢のいいオッチャンなのである。

だけど、見た目からは想像出来ないけど、他人に配慮ができる人で、お客様や部下からはとても信頼され、慕われていた。

その所長から、僕はいろんな話を聞かせてもらった。主に所長が若い頃の自慢話や、武勇伝みたいな物ばかりで、余り参考にならない話も多かったけど、たまに、所長の失敗談や体験談から、僕にいろんな事を教えてくれた。それが、素直じゃなかった当時の僕には、とても嬉しかったし、気を遣う必要がなくて、とても楽だった。

この所長の口癖が、「柳井よ、セールスマンは〝数字が全て〟やぞ！」だった。

〝数字が全て〟これが、僕がセールスを続けられている理由であり、あなたが、セールスで頑張る理由だろう。

この〝数字が全て〟という言葉には、いろんな意味が含まれているように思う。

例えば、セールスマンが、何かを売るために、必死に努力をしたり、いろんな工夫を凝らしたりして、あれやこれや手を尽くしたとしても、そのプロセスは何の意味も持たなくて、ただ、それが売れたかどうかの結果だけがすべてなのだという意味で使われる事もあったりする。

また、或いは、セールスマンは、売るのが仕事なわけだから、普段見えない所でサボっていても、とにかくノルマさえクリアしていれば、おとがめ無しであるという意味なんかで使われる場合もあるのだ。

中でも、僕が一番好きな〝数字が全て〟の意味は、セールスの世界では、営業を何年経験してるかどうかや、先輩後輩などの歳の差なんかは、まったく何の意味も持たなくて、ただ純粋に、努力や工夫で数字を出し、結果を残した奴が賢いのだという意味である。

僕は、実力主義で、頑張る人みんなに公平なこの考え方が、とてもシンプルで好きなのだ。

今では、この〝数字が全て〟という言葉は、僕の口癖になっている。

「結果を出せ！言い訳はいらない。〝数字が全て〟である。」

だけど、本当のところは、この〝数字が全て〟という言葉は、呪文のようなもので、自分自身を奮い立たせたり、周りをやる気にさせたりするときに使う言葉であり、セールスマンは、みんなこの事を知っているのである。

実際には、結果にたどり着くまでの過程なくして、偶然、運だけで結果が出せる筈のないことも、本当は百も承知なのだ。自分自身の弱い心に押し潰されないために、周りの甘い誘惑に負けないように、いつしか生まれた呪文の言葉なのだと僕は思っている。

「数字が全て」は、
実力主義で公平な考え方とも言えるのだ。

第五章のまとめ

この章では、セールスを続ける上で、絶対に切っても切れない目標（ノルマ）数字の考え方に視点を向けて、普段からの心構えを話した。

〝お客様の立場で考える事が一番である〟と、いくら頭では理解していても、いざ上司から、「数字を出せ、成績を上げろ」と、言われ続けると、つい自分本位の考え方をしてしまうものである。

だけど、お客様からしてみれば、セールスマンや会社側の思惑なんかは、全く関係ないのだ。この事をうっかり忘れて、売る為だけのセールスになってしまうと、クレームやキャンセル等が発生する危険性がある事を忘れてはいけない。

目標達成することも大事である。だけど、そのことを意識するあまり、お客様をおろそかにしてはいけない。お客様のためを本気で考える事が何よりも大切な事なのである。

第六章　敵は自分自身

1　いつもゼロから

僕たちセールスの仕事は、毎日がゼロからのスタートである。昨日までの実績や過去の栄光なんかは、多少の自慢話以外、なんの役にも立たない。

いつも、心の中は不安で溢れかえっていて、頼れるものは自分自身以外に何もないのである。

決められた事をこなしているだけでは、物は売れない。とにかく、自分で考え知恵を絞り、**あの手この手を尽くして、自分なりのスタイルを見つけるのだ。**

そうして見つけたスタイルも、いつまでも通用するわけはなく、突然壁にぶつかり前にも後ろにも進めなくなったりすることもあるのだ。

だから、セールスマンは、心の中にいつも折れない気持ちを持っていなければならないのである。なにが、起こっても貫く決意と、目標に向かってまっすぐ進み続ける熱意が、僕やあなたが、セールスを続けるうえでの唯一心のよりどころになっているのだろう。

自分が掲げた目標を何度も再確認しながら、辛いのは自分独りだけでなくて、みんなも同じであり、そして、誰かに無理やりさせられているのではなく、自分で選んだ道であることをいつも自分自身に言い聞かせ続けるのである。そうしていないと、たまに目標を見失ってしまう恐れがあるのだ。

それから、〝負けん気〟と、〝やる気〟と、〝勇気〟は、セールスマンには必要不可欠である。ライバルに負けそうなときや、自分自身の弱い気持ちに負けそうな時などに、「なにクソ、負けてたまるか！」と心の中で何度も叫んでみると、なんだか少し元気が沸いてくる感じがするだろう。

「止めたり、諦めたりするのはいつでも出来る。もう少し自分を信じてみよう。あと少しだけ頑張ってみよう。」と、自分にハッパをかけ、負けそうになった自分自身を勇気付けた経験が、僕には数え切れないくらいあるのだ。

セールスで成功する為には、高度なセールステクニックや、優れたセールストークやハウツーなども、もちろん重要であるし、それがセールスとしての良し悪しを決める要因であることも確かに納得できる。

しかし、それ以上に、僕は、普段のセールス活動において自分自身の気の持ち方や心構えがセールスで成功する為には、とても重要な事柄であると考えている。

つまり、僕は、自分が悩み苦しんでいる時の気持ちのバランスの取り方や、いかにしてこのセールスという仕事に自信を持って取り組むことが出来るかという方法論が、セールスにとって一番必要な事だと思うのだ。

セールスの仕事は、いつもゼロからのガチンコ勝負である。たしかに、周りにも多くの敵がいるだろう。

だけど、一番大きな敵は、自分自身の心の中に存在するのだ。

そして、それに勝ち続けることが、セールスで成功するということなのだろう。とはいっても、実際のところは、僕も勝ったり負けたりなのだ。

どちらかというと、負ける事のほうが多いかもしれない。でも、**大事な場面では絶対に負けないのだ。敵は自分自身であるんだから、上手にバランスをとる事を心がけていればよいのである。**

2　弱さと甘え

さっきも少し話したけれど、セールスマンにとっての最大の敵は自分自身の中にいるのだ。だから、その敵と戦う前に、まず敵のことを詳しく知っておかなければならない。

セールスマンの中に存在する敵とは、自分自身の弱さと甘えの部分である。

これらは普段、注意をしていないとその存在を感じることさえないのだけど、迷ったり、悩んだり、そして、壁にぶつかったりした時なんかには、物凄いスピードで大きくなり、心の中を支配してしまうのである。

つまり、僕たちセールスマンは、自分がどんな時に気弱になってしまうのか、どんな事でへこたれてしまうのか、そして、そうならない為の予防として、自分に対してどれだけ厳しく出来るかを知っておく必要があるのだ。

そして、これは出来るだけ早いうちに知っておくほうが良いだろう。何故なら、自分自身の強さと、弱さを知っておくことは、自己管理においても重要だからだ。

セールスをしていると、様々な誘惑で気持ちが折れそうになるときがある。そんな時、それらの誘惑に打ち勝っていく為に、とても大事なことなのである。

あなたは、新しいことや困難なことに挑戦する前に、怖くなったり不安になったりしたことはないだろうか。おそらく誰もが不安な気持ちを抱くはずである。セールスの仕事は、毎日が、この不安と恐怖の連続である。

だから、どんな時にどんな事で自分の心が揺れるのかを知っておき、予測して備えておくことが必要なのである。

不安をかきたてる出来事に遭遇した時、ほとんどの人は、それから逃げようとするだろう。だけど、実際にそれでは、トップセールスとして成功を収められない。大成功を収めたり、才能を最大限に発揮したりするには、進んで自らこの恐怖心と向き合わなければならないのである。

最大の敵である自分自身の〝弱さと甘え〟は、この恐怖心や、不安な気持ちをエサにして大きくなるのである。だから、セールスマンは、恐怖心や不安感に打ち勝つ武器を持たなければならないのだ。

それらから逃げるのではなく、真正面から向きあう為に、結果を恐れず、立ち向かう〝勇気〟これこそが最大にして唯一の武器なのだ。

恐怖心や不安感に立ち向かえず、行動を起こせない人たちがいる。今のままで満足しているのではないが、新しい一歩を踏み出す勇気がないのだ。

たしかに、〝勇気〟を持って新しい何かを始めたからといって、それが成功するとは限らない。それに、たとえ上手くいったとしても、それをやり続けるためには、新たな誘惑や問題が現れることだろう。

だけど、結果を恐れて何も行動しないよりは、〝勇気〟を持って、新しいことに挑戦することを僕は勧める。

セールスマンは、基本的に孤独であり、誰もあなたを助けてくれない。頼れるものはあなた自身だけである。

たとえ、如何なるケースに遭遇しても、その場を上手に乗り切る為には、自分自身を理解し、唯一の武器である〝勇気〟を強く大きなモノに育てていくことが重要なのだ。

3　自分らしく生きる

あなたの周りに、あなたが将来なりたいと思えるような目標とすべき人物がいるだろうか。

もしも、そんな人が身近にいるなら、あなたはとても幸運である。将来の目標とまでは行かなくても、ちょっとした手本になりうる先輩や上司が周りにいるだけでもありがたく思うべきである。

僕達セールスマンは、セールスという仕事を通じて人間を磨いていくのである。

おそらく、あなたもこれから、多くの事をセールスの仕事のなかで学んでいくことになるだろう。

楽しい事よりも辛い事の方が多いこの世界の中で、どのように成長し、進んで行くのかは、あなた次第だ。自分のペースで、自分らしく生きればいいのである。

自分のペースとは言っても、これもなかなか難しい問題でもある。何故なら、人間は他人に厳しく、自分には甘いモノだから、自分に課せるルールや規則も中途半端なものになってしまう。

だから、自分の気持ちをどこかでごまかして、ある程度の満足で納得してしまっているので、最後のところで踏ん張りが利かなくなってしまう事があるのだ。

具体的な目標を立てて、「いざ、今回はがんばるぞ！」と心に決めてスタートしても、ハングリーさや切迫感がないから、その目標を成し遂げることなく、新たな目標を掲げる羽目になるのだ。大体、その掲げた目標自体がボンヤリしているから、なんとなくボンヤリとしか頑張れないのである。

自分を甘やかすとか、そんなのではなく、自分自身が取り組みやすい目標を立てることも大切である。そして、それをクリアするごとにハードルを少しずつ上げていき、自分を成長させていけばよいのである。

自分の可能性を信じて、努力し頑張ることが、自分らしく生きる為には大切なことなのである。そして、いつも、自分で自分を応援してあげるべきである。

くじけそうなときや、プレッシャーに押し潰されそうなときには、未熟な自分の気持ちを上手くコントロールしてやることが必要である。

自分自身の可能性を信じて、
努力して頑張りつづけよう。
そうして、いつも自分で自分を
応援してあげることが大切だ。

4　やる気

他人からの指示で、無理やり仕事をやらされるよりは、自分の意思でやったほうが、ずっと精度の高い仕事が出来るし、そのやる気も長続きするものである。〝やる気〟とは自分の心の中から湧き上がってくるものなのだ。

他人からの熱いメッセージや、呼びかけにより、自らのやる気が起こされる事も時にはあるけど、それは何かをするための最初の一歩だけで、ほんの少しの期間しか持続しないのである。

セールスマンは、自分自身で自分の〝やる気〟を奮い立たせ、それを盛り上げ持続出来るようになる必要があるのだ。これは、なにも難しい事ではないけど、とても面倒くさいのだ。

何故なら、この〝やる気〟は、自分の気持ちの問題だから、一見するだけでは、外からは見えない。

だから、いつも〝やる気〟を奮い起こし、エネルギッシュに仕事に取り組むことが理想だと頭の中では分っていても、ついズボラして手を抜いてしまうのである。

若いうちなら、先輩や上司から、〝やる気が見えない〟とか、〝やる気を感じない〟とかを指摘される事もあるだろうけど、年を取ってベテランになってくると、なかなか他人から注意や指摘をされることがないのだ。

セールスマンが、何故この〝やる気〟を必要とするかというと、〝新しい一歩〟を踏み出す為であり、〝困難から逃げない〟為であったり、〝自分に妥協しない〟為であったり、さらには、〝チャレンジ精神旺盛で、向上心を持ち続ける〟ことが重要であるからだ。

それでは、どうしたら〝やる気〟を〝自在に操る〟ことが出来るかというと、それは、毎日の習慣にしてしまえば良いのである。

毎朝、「さぁ、やるぞ！」という決意からスタートするのだ。そして、何かひとつで構わないから、自分の〝やる気〟が、奮い立つような事をするのだ。

例えば、「大きな声で、〝やる気〟の出る言葉を三回叫ぶ！」でも良いし、「〝やる気〟の出る音楽を大音量で聴く！」でも良い、「〝やる気〟を出せ！と、鏡の前の自分にエールを送る！」でもいい、とにかく何でもいいのだ。
大事なことは、自分をあざむくのではなく、毎日欠かさず続けることである。

前向きな気持ちを失わないように、
毎日の習慣として
“やる気”を奮い立たせる行動をしよう。

5　決心

誰でも一度ぐらいは、「もう一度生まれ変われたら？」と、あり得ない事とは知りながら、それでも少しは真剣に考えた経験があるのではないだろうか。おそらく、こんなことを想像するぐらいなんだから、今の人生を手放しで満足している訳ではないのだろう。

だからといって、取り立てて大きな不満もない訳だから、なんとなく今の自分に妥協しているのではないだろうか。

不平不満を周りの人に話したり、部下や同僚に愚痴ったりするようなセールスマンは最低である。しかし、現状に何の不満も持たず、自分の意見や考えを持っていない人も良いセールスマンとは言えないだろう。

何故なら、不満がないと言う事は、向上心がないということであり、今のままでいることに楽を覚えているからだ。

今の自分に不満を持ち、このままでは駄目だと気付き、思い切って自分自身を変えようと決心しても、これも言うほど簡単ではないのだ。決心する事よりも、その決心を持続させる事のほうが難しいのである。

年の初めに、「今年こそは、毎日欠かさず日記を付けよう！」とまっさらの日記帳を前に、心あらたに決心した思い出をあなたも持っているだろう。だけど、毎年毎年、「今年こそは！」と心に誓っても、じつに見事に破ってしまうのだ。〝日記を書く〟という簡単な決心でさえ、持続させるのは難しいのである。

どうしたら自分の決心を持続させることが出来るのかと、いくら悩んだところで不可能なのである。「日記をかくぞ！」と心に決めても、何故何の為に、〝日記を書く〟必要があるのかを深く理解していなければ、すぐにその誓いは破られてしまうだろう。

しかも、それは、言葉や文字で記憶されていても何の意味も持たないのだ。

大事なのは、何故そうする決心が起こったのかを、いつも心に刻み付けておけるかどうかである。それに、自分自身が心の底から本気で「やるぞ！」と腹をくくらなければ、どんなに立派なことを決心したとしてもなんの意味も持たない。

セールスマンの決心といったら、「目標を達成する」とか、「アポイントをたくさん取る」とか、「販売成績を伸ばす」などが一般的なところだろう。だけど、この決心であなたの気持ちは、本当に奮い立つだろうか。「絶対やってやるぞ！」という気持ちを持ち続けることが出来るだろうか。

おそらく、もって三日だろう。こう言うと、「一日三件は必ず訪問する」とか、「毎日五件は電話アポを入れる」といった具体的な行動目標を掲げようとするかもしれないが、これも論外である。

僕が言いたいことは、自分自身の〝弱さや甘え〟に負けない強い決心を持てということである。誰かの意見に流されたり、無難にやり過ごそうなどと、自分自身をごまかしたりしているうちはこれには到底及ばない。

〝決心する。〟そこから何かが変わるのである。そして、それを持ち続けなければならない。もしも、その決心が揺らいだら、もう一度自分に問いかけるのだ。「こんなことで、負けてしまってもいいのか？」「諦めるにはまだ早いんじゃないか？」

そして、そこでまた改めて決心すればよいのである。

人間は弱い。だから簡単に気持ちが折れるのも仕方がないかもしれない。だけど、強くなる努力はしなければならないのだ。

6　気の持ち方

気の持ち方次第で、その後の展開が大きく変わることがある。〝出来る〟〝出来ない〟は、気の持ち方一つである。

もしも、ある物事が、「なるようにしか、ならない。」と考える人と、「なるように、努力しよう。」と考える人がいたとしたら、その結果は同じである筈はないだろう。

それに、出来るかどうかに怯えながら、恐る恐る仕事に取り組むよりは、自信を思って失敗を恐れずに取り組んだほうが、どちらかというと良い結果が出せる筈である。

この〝気の持ち方〟も、あなた次第である。

プラス思考の考え方が、セールスマンに向いているとよく言われる。確かに否定的な、マイナス思考よりは向いているように思う。

だけど、考え方がプラス思考だというだけでは、良いセールスマンにはなれない。前向

きな姿勢が、頭の中だけでなく、外見や行動にも現れていなければならないのだ。不安げな気持ちは、オドオドした態度やビクビクした仕草に現れる。反対に、自信に満ちた前向きな心構えは、堂々とした立ち振る舞いや、存在感なんかに現れるものである。

だけど、いくら「前向きに生きよう」とか、「積極的に行動しよう」などと、しょっちゅう自分に言い聞かせていても、ほんのちょっと気を許しただけで、すぐに消極的な自分が「僕には出来ないかも？」と不安をもたげるのである。また、これを性格や考え方だから変えられないと決め付けるのも、あなた自身なのだ。

要は、変えられるかどうかではなく、まず変えてみる努力をする事が重要なのだ。もちろん、この努力にも、それが〝できる〟と信じる〝気の持ち方〟が必要である。

〝気の持ち方〟が、あなたの将来や、人生観までも決定しているといっても過言ではないだろう。しかも、この〝気の持ち方〟は、他人の意見で大きく簡単に揺らぐのである。他人の考えや態度に引きずられ、本当の自分を見失ってしまう恐れもあるのだ。

だから、僕はいつも、自分の前に何かの問題が生じて、消極的な自分が現れて、「僕にはできないかも？」と、僕の不安を煽るときには、こんな風に自分にエールを送るのだ。

〝出来るかどうかわからぬ時は、出来ると信じて努力しろ〟
これが僕の魔法の呪文である。

出来るかどうかわからぬ時は、
出来ると信じて行動しよう。
プラス思考は、頭の中だけでなく、
外見や行動にも現れるように頑張ろう。

7　謙虚な気持ちを忘れない

僕は、セールスの仕事をしていて、自分と向き合うたびに、人間の心とは本当に弱いものだとつくづく思い知らされる事がある。壁にぶつかって、自分の気持ちがグラグラ揺れたり、プレッシャーでペシャンコに押し潰されそうになったりした事もあった。

それでも、どうにかこうにか目標に近づき、やっとゴールが見えたと思ったら、今度は、自分にうぬぼれ自信過剰になり、セールスマンにとって一番大事な、相手の立場で物を考える事が出来なくなった事もあった。

そんな、状態にいるときは、自分が頂点にでもいるつもりになり、誰の意見にも耳を貸さなくなるのだ。同僚を見下し、時には、会社の方針なんかにも堂々と盾つくこともあった。自分だけが正しいと決め付け、自信とうぬぼれを取り違えてしまうのだ。

そして、偉そうにし続ける為には、商品をたくさん売り続けて、良い成績を上げ続けなければならないという、自分だけの勝手な理屈に捉われ、誰にも話せないほど、悩み苦しんだこともある。当然、人間関係も悪くなり、後輩からの信頼もなくした。今思えば、ずいぶん無茶をやったような気がする。

セールスマンに限らず、人間の心とは本当に弱いものだと思うのだ。

気が付くと思いもよらない感情に支配され、恐れたり怖がったり、時にはおごったりうぬぼれたりもするのだ。そして、またそれを制御しようとやっきになるのだ。その方法も、我慢とか感情の抑制だったりするものだから、ちょっと油断するとすぐに元通りになるのである。

だから、こうなってしまう前に、あなたには覚えておいてほしい。

セールスマンとして成功する為には、自分に自信を持たなければならない。そして自尊心を身に付け、周りから信頼され、認められる努力を忘れてはならない。そして自尊心を身に付け、周りの人に活力を与えられるような、エネルギッシュな人にならなければならない。

だけど、一番大事なことは、感謝の気持ちを忘れず、常に謙虚な心を忘れないことである。これを忘れてしまうと、自信過剰になり、自分が頂点だと錯覚してしまうのである。

あなたの目標は、頂上でふんぞり返ることではない筈である。ましてや周りからチヤホヤされ、偉そうに好き勝手に振舞うことでもないだろう。
もっと、高い所にあなたの目標があることを忘れないでほしい。

人は私のコトを
エリートと呼ぶミミ
フッフフッ

感謝の気持ちを忘れず、
常に謙虚な心を忘れないことが
大事なんだけどねぇ…！

8　心の体操

夢や目標を掲げる事自体は、そんなに難しいことではない。それを成し遂げる為の計画を立てる事だって、実際にその目標に向かって進み続ける大変さから見れば、それ自体もたいした苦労ではないだろう。

だけど、目標や計画を立てる時に、必ず注意しなければならない事があるのだ。

それは、敵の動きに対して、最大の注意を払わなければならないことである。それに、その敵は、目標が高ければ高いほど、しつこく、いやらしくあなたを攻撃してくる。だから、敵から目を離さず動きを予測して、それが大きくなる前に手を打つ必要があるのだ。

もちろん、その敵とは、あなた自身の心の弱さや甘えの部分である。だから、いつ何時あなたを襲ってくるか分らないという物ではない。ある程度の予測は十分可能であり、どんな風に攻撃してくるかも大体は、知り尽くしているのだ。つまり、予防策は打てるし、訓練次第では、上手に手なずける事だって可能なのだ。

ちょっと、遠まわしな説明になってしまったけど、こんな風に客観的に自分自身の内面を見てみれば、具体的な解決策が見つかるものなのである。

それでは、どうすれば自分自身の心を、上手くコントロールできるようになるかというと、自分の本能を制御する訓練をすればいいのだ。

突然湧いてくる怒りや不安、そして悲しみや喜びといった感情。それに、たくさんの欲求や願望を抑制し、平常心でいつでもベストの力を発揮できるような心構えを持っておくことが大事なのである。

訓練というよりはむしろ、体の体操や、頭の体操と同じように、心の体操だとか、準備運動などと、言ったほうが分かりやすいかもしれない。

つまり、スポーツや激しい運動の前にする身体の体操や準備運動と同じように、セールスマンには、〝心の体操〟が必要なのだ。心の状態をいつも柔軟に保っていれば、どんな時にも冷静に判断が出来る訳である。

とは言っても、決して簡単ではないのだ。そこで、僕は、あなたの心を出来るだけ意識して、ベストの状態に保つ為に、ちょっとした〝心の体操〟をお勧めしたい。

〝心の体操〟とは、そのままなんだけど、使うのは〝頭〟ではなくて〝心〟である。

〝体操〟の方法は、通常のイメージトレーニングと同じで、いろんな場面をイメージして想像を膨らませるだけで、違うのは自分の〝心〟に意識を向けるという点である。

例えば、腹筋トレーニングのときに、どこの筋肉が鍛えられているかを手で触りながら確認するように、〝心〟の動きに目を向けて意識するのだ。

イメージする内容は、〝心〟が揺れることなら何だっていい。うれしい事、楽しい事、悲しい事、つらい事、苦しい事、恥ずかしい事、緊張する事etc・・・・。

そして、それから、揺れ動いている〝心〟を大きな深呼吸で平常心に戻すのだ。大きく一息で吸い込み、ゆっくり時間を掛けて吐き出す。

これが、僕があなたに進める〝心の体操〟である。なんてことなさそうだけど、効果は絶大だから、一度騙されたつもりで試してみて欲しい。よく心を強くするとか、心を鍛えるとか言うけれど、あれは少し違うように思う。どんなに強く鍛えようとしても〝心〟は言う事を聞いてくれないだろう。

もしも、それでも無理に強くしようとすれば、思いやりや心配り、それに相手の立場で考えるといった、優しい心までがなくなってしまうおそれがある。

あなたの意思とは関係なく、あなたの心は、痛んだり傷ついたり、揺れたり高ぶったり、落ち込んだりするのだ。だけど、僕達セールスマンは、その度に躓いている訳には行かないのだから、いつも〝心の体操〟で〝心〟をベストの状態に保っておかなければならないのである。

こころの体操を実践して、
いつも平常心でいられるようにしておこう。
セールスは、「こころの仕事」だ。

9　スランプからの脱出

セールスという仕事をしていると、いつも順風満帆な時ばかりではなく、売れなくて悩んだり、何をやっても上手くいかなかったり、気ばかりが焦って、もがけばもがく程深みにはまるといった経験をする時が来るものだ。

調子の良い時には、誰でも気分よく快調に仕事もはかどるものだけど、一旦調子をくずした時にこそ、本当のセールスマンの真価が問われるものである。

スランプは、突然にやって来るのだ。それに気がついて慌てふためくと、ますます深みにはまり込む。自分は、大丈夫だと思っていても、不思議な事に誰もがみんな、このスランプに陥るものなのだ。そして、その頻度や、はまっている時間の長さなどは、人によって様々である。

スランプに陥った時に、いかに早くそこから脱出できるかどうかは、セールスマンにとっては、とても重要な事である。

スランプからの脱出方法とひとくちに言っても、その原因や症状なんかも人によって色々違う訳だから、特効薬のような物はあるはずがない。それでも敢えてヒントを言うとするならば、やはり心の姿勢や、気の持ちようなのだろう。

深く思いつめたりせずに、あっけらかんとしていることが一番いいらしいけど、ピンチの時にそんなふてぶてしい態度でいることの方が、僕には、よっぽど難しいように思える。

だから、僕の場合は、無理にでも思い切った気分転換をするようにしている。どんなに仕事が忙しくても、必ず休暇を取り、休暇の時には仕事のことを絶対に考えないようにしているのだ。

この方法が正しいかどうかは定かじゃないけど、僕はずっと前からこの方法で、スランプを乗り越えてきたのだ。

あれは、セールスを始めてから三年ほど経った頃だった。

毎月、そこそこに販売台数を伸ばしていたことも有り、当時の僕は、少し天狗になっていて、誰の言う事にも耳を貸さず、自分だけが正しいと思い込んでいた。

いつも通り、僕が、休日の展示会にショールームの商談席でお客様と話している時の事だった。ほぼ売れるだろうと高を括っていたお客様から、一方的に断りの旨を告げられたことがキッカケだった。

その後、たて続けに予定していた契約が、すべて白紙になってしまったのだ。それだけではなく、それ以降僕は、突然全く売れなくなってしまったのだ。

お客様には、丁寧な接客をしていたつもりだったし、今でも何故だったのか理由も分からない。何もかもすべてが裏目にでてしまい、全く売れなくなってしまったのだ。そのまえに、売れる気さえもしなかった。

悩んでも、考えてもなんにも良いアイデアは浮かばないのに、昼間はもちろん夜中でも、〝なんとかしなければ〟と、悩み続けていた。折角見つけた唯一の特技である、〝売る能力〟を失くしてしまった事が、口では言えないくらい恐かった。商品よりも自分自身を売っていた訳だから、それを否定されると、他には何も残らない様な気がしたのだ。とにかくそれ程深刻に悩んだ訳だ。

そんな時、当時の所長が声をかけてくれた。だけど、その言葉は優しく暖かい言葉ではなかった。

「お前最近調子悪いみたいやな、ちょっと売れてたから、ええ気になってたんとちゃうか」と、落ち込んでいる僕に声を掛けた。

僕は、凄く腹が立って、「ただ、ちょっとしたスランプなんですわ。けど、すぐに調子も戻りますわ」と、悪ぶって精一杯強がってみせた。

そんな僕に所長は、「アホかお前は！スランプいうのは、一流のベテランが使う言葉や、まだまだ駆け出しのお前が調子悪いのは、お前がひねくれて人の話を聞かんからや！」と怒鳴ったのだ。不意の怒鳴り声に僕は、返す言葉を失ってしまった。

そして、居心地悪そうにしている僕に、所長は続けて遠慮なしにこう言った。

「下手の考え休むに似たりや。なんぼ考えても、お前の考えなんかろくなもんちゃうねから、余計な事考えやんと、早よ帰って寝ろ。」

所長にこう怒鳴られた晩、僕は久しぶりに、〝何で売れないのか〟とか〝売らなければ〟という事で悩まなかった。只々、悔しくて、どうやってあの所長を見返してやろうかだけを考えていた。

次の日、会社に行くと、所長は昨日の話には全く触れず、「柳井よ、今日もガンガン売ってくれよ」と、冗談交じりに僕の背中を叩いて言った。僕は少し照れくさかったけど、

「ハイッ」と答えた。

丁寧に言葉で説明された訳ではないけど、なんとなくあの時に、僕なりの答えが見つかった様な気がする。

それ以来、スランプに陥りそうな時に、〝下手の考え、休むに似たり〟という言葉が、僕の頭をよぎるのだ。

だから、そんな時僕は、無理にでも悩む事をやめて、思い切った気分転換をするようにしている。

10　考え方が人生を変える

いよいよ僕の話もこれで最後になるんだけど、この話は、セールスマンとしてあなたに話すのではなく、一人の人間としてあなたに伝えたい。

小さい頃になりたかった自分に、夢を叶えてなれた人は、本当に幸せな人である。だけど、実際には、そんな幸せな人はごくわずかで、殆どの人は、小さかった頃に夢見た自分と現在の自分とは、大きくかけ離れてしまっているのではないだろうか。

「夢とは、叶わないから夢なんだ」とか、「理想と現実は違うんだ」等といった考え方を僕も持っていた頃がある。こんな風に考えると、当時の自分に納得できたし、頑張らなくてもなんとなく気楽に、生きて行けるような気がしたからだ。

だけど、本当は、こんな夢も希望もない考え方が、僕はすごく嫌いだった。

大人になってからも、夢や希望、それに大きな目標を掲げた経験もある。ここで言う目標とは、セールスマンとしてではなく、人間として将来を見据えた目標である。

そして、今の僕なら、あなたに自信を持って、「夢は叶う」と言える。ただし、そこには必ず〝努力をすれば〟とか、〝諦めなければ〟といった条件が付いてくる。

簡単に成し遂げられるものに、誰も〝夢〟とは名付けないだろう。〝夢〟とは、最高ランクの目標なのだ。だから、本気になって努力しなければ手に入らないのである。


あなたは、今の自分が好きだろうか。

胸を張って「好きだ」と言えるなら、なりたい自分に近づけているのだろう。

もしも、「嫌いだ」と答えるなら、なぜ嫌いなのかという理由をよく考えて欲しい。おそらく、すぐにその答えは見つかるはずである。

案外、自分の事が〝嫌い〟な人は、多いんじゃないだろうか。でも、それは、本当に嫌いな訳じゃなく、〝嫌な部分がある〟程度で、本当の意味で「自分が嫌いだ」と思っている人は少ないだろう。

「人は誰だって、なりたい自分になれる」

ただ、それには条件があって、それをクリアしなければならない。

その条件とは、なりたい自分を心に強く描いて、それを叶える為には、ズルしたり、手を抜いたりしていては叶えられない事を理解し、常に努力を続ける強い意志を持っていることである。

もしも、途中で諦めたり、自分を信じられず、不安になったりすると、途端に大きな壁が現れて道をふさいでしまう。

夢や目標に向って進んでいるあなたに、これだけは忘れないでいて欲しい。

駄目だと思ったら駄目になる。無理だと諦めた時点で終わりである。

出来ると思ったら出来るのだ。叶うと信じたら叶うのだ。

これらは、すべてあなたが考え、あなたが決めることである。

第六章のまとめ

この章では、セールスマンを襲う〝自分自身の心〟についての話を僕の経験からあなたに話したんだけど、僕が話すまでもなく、〝自分自身の心〟が厄介である事に気付いている人は少なくなかったのではないだろうか。

ひとは、みんな自分の事が可愛くて、自分自身に対して甘いものだ。だけど、これだけは、分かっていてもなかなか自分に対して厳しく出来ないものである。

何度も挫折を繰り返しているうちに、弱い自分が嫌いになる事があるかもしれない。だけど、他の誰も応援してくれないんだから、自分ぐらいは自分自身を信じてあげるべきである。自分の〝心〟の動きをいち早く察知して、上手にバランスをとるように心がければいいのである。

あなたには無限の可能性があり、あなたの〝心〟がそれを生み出すのである。

あとがき

僕は、セールスの仕事が好きだ。

お客様から「ありがとう」と、言って貰える仕事が出来た時は、なんにも例えようがないくらいに気分がいいものだ。ツライ事も少なくないし、楽な仕事ではないけど、やり甲斐のある仕事なのは間違いない。

僕が、この本を通してみんなに伝えたかった事は、〝人は変わることが出来る〟という事実である。

自分を信じて、自分自身の可能性を決して諦めずに、真っ直ぐ突き進めば、必ずそこに新しい自分が見つかるという事を知っておいて欲しいのだ。

折角のあなたの人生だ。

一生で一回きりしかないんだ。
誰の為でもない、自分の為に精一杯頑張ってみたって損はないだろう。
僕が特別だった訳ではない。
僕にだって出来たんだ。あなたにだってやれる筈である。
明日からではなく、今この瞬間から、変わる努力を始めるんだ。
あなたの成功を心からお祈りしています。

最後になりましたが、僕に営業の本を書くように勧めてくれ、弘文社さんをご紹介下さった㈱ワークス・ワン代表、建築家の大賀信幸氏と、なかなか執筆が進まない僕に、いつもエールを送りつづけてくれた岡崎靖編集長に、この場を借りて厚く御礼申し上げます。

営業　柳井　正彦

著者略歴

柳井　正彦（やないまさひこ）
1971年奈良県生まれ。
大学卒業後、1994年奈良スバル自動車株式会社に補欠入社。
1994年～2002年の８年半の間、同社で新車販売を行う。
入社後１年で同社でトップセールスとなり、セールス関連の幾多の賞を受賞。
2002年には、全国スバルセールスマンの最高峰である、スバル大賞を受賞。
2002年に同社を退職後、保険、住宅、不動産の営業を行う。
2005年㈱ワークス・ワンの取締役に就任し、現在に至る。

現在、「より良い建築物を建築する事により、社会に貢献する」という理念のもと、同社にて、工務店向け営業ツールの企画開発・販売を担当している。

僕に対してのご連絡や、ご意見ご感想などはメールにてお願いします。
ちょっとした質問でもよいので送ってください。
tensai@works-one.com

◆建築関連総合ポータルサイト（http://www.works-one.com/）
◆建築家コンペパッケージ住宅『アーキ・レシピ』（http://www.arch-recipe.com/）

営業の天才

著者　柳井正彦
印刷・製本　亜細亜印刷株式会社
装丁　田川デザイン事務所
イラスト　中島宏幸
発行所　株式会社　弘文社
〒546-0012
大阪市東住吉区中野２丁目１番27号
☎（06）6797-7441
FAX（06）6702-4732
振替口座　00940-2-43630
東住吉郵便局私書箱１号
代表者　岡崎　達